RODRIGO GALVÃO

HOSPEDAGENS MEMORÁVEIS

COMO CRIAR ESTADIAS INESQUECÍVEIS NA ERA DIGITAL E DA EXPERIÊNCIA

Freitas Bastos Editora

CB008772

Todos os direitos reservados e protegidos pela Lei 9.610, de 19.2.1998. É proibida a reprodução total ou parcial, por quaisquer meios, bem como a produção de apostilas, sem autorização prévia, por escrito, da Editora.

Editor: Isaac D. Abulafia
Diagramação e Capa: Madalena Araújo

Dados Internacionais de Catalogação na Publicação (CIP) de acordo com ISBD

G182h	Galvão, Rodrigo
	Hospedagens Memoráveis: como criar estadias inesquecíveis na era digital e da experiência / Rodrigo Galvão. - Rio de Janeiro, RJ : Freitas Bastos, 2022.
	301 p. ; 15,5cm x 23cm.
	ISBN: 978-65-5675-110-8
	1. Turismo. 2. Hospedagens. I. Título.
	CDD 654
2022-1602	CDU 338.48

Elaborado por Vagner Rodolfo da Silva - CRB-8/9410

Índice para catálogo sistemático:
1. Turismo 654
2. Turismo 338.48

Freitas Bastos Editora
atendimento@freitasbastos.com
www.freitasbastos.com

Dedico este livro a todos que me abriram as portas e também àqueles que um dia passaram por uma das minhas.

"Hospedar é uma arte e toda estadia é uma nova tela em branco"

Rodrigo Galvão

SUMÁRIO

INTRODUÇÃO
A CURA PELA HOSPITALIDADE 15

CAPÍTULO 1
TURISMO E HOTELARIA NA ERA DIGITAL E
DA EXPERIÊNCIA 23

CAPÍTULO 2
AS 7 TRIBOS DE VIAJANTES QUE SE
HOSPEDAM PELO MUNDO 31

CAPÍTULO 3
O NOVO COMPORTAMENTO DE CONSUMO
EM VIAGENS 69

CAPÍTULO 4
DESENHANDO EXPERIÊNCIAS DE
HOSPEDAGENS MEMORÁVEIS 129

CAPÍTULO 5
JORNADA DA HOSPITALIDADE 147

CAPÍTULO 6
CONSTRUINDO UMA MARCA SINGULAR
DE HOSPEDAGEM 189

CAPÍTULO 7
O MANUAL DE ENCANTAMENTO 263

REFERÊNCIAS BIBLIOGRÁFICAS 299

O AUTOR, TRÊS PROMESSAS E UM PEDIDO

Sejam muito bem-vindos ao universo das hospedagens memoráveis.

É um prazer inenarrável ter você por aqui. Antes de começar, precisamos fazer um pacto de expectativas: caso você esteja esperando encontrar nas próximas páginas alguns conteúdos teóricos sobre administração de hotéis ou técnicas operacionais mirabolantes para melhorar o setor de governança e recepção da sua hospedagem, sinto lhe dizer, mas você chegou ao lugar errado. Esse não é um livro sobre gestão hoteleira.

O que eu prometo lhe entregar daqui em diante é uma nova forma de enxergar a hospitalidade e remodelar a maneira como a implementamos diariamente em nossos negócios. Em sua essência, esse é um livro sobre pessoas e cultura do encantamento em hospedagens.

Mesmo sendo professor há quase 10 anos, meu coração sempre bateu forte pelo lado prático da coisa. Por isso, essa será a minha segunda promessa para você: tudo que consta aqui foi profundamente estudado, testado e validado por mim em minhas hospedagens – e em outras vivências profissionais – ou exemplificado sobre marcas incríveis de hospitalidade ao redor do mundo.

Na realidade, o que você tem em mãos neste momento é um verdadeiro guia sobre como criar estadias memoráveis em um contexto amplamente influenciado pelas relações digitais e pelo desejo humano de vivenciar experiências singulares.

Convido-te a não prosseguir necessariamente com a leitura linear do capítulo um ao sete. É claro que você pode, se assim desejar. Entretanto, compartilhar caminhos para te ajudar a aprimorar a sua arte de hospedar foi a principal motivação dessa produção. Por isso, se você precisa mudar ou criar uma marca de hospedagem, por exemplo, vá direto ao capítulo 6, lá conversaremos exclusivamente sobre *Branding* e desenvolvimento de marcas. Por outro lado, se você ainda não tiver um processo estruturado de interação ponta a ponta com o seu hóspede, desde a reserva até o *check-out*, visite o capítulo 5 para criar a jornada de hospitalidade da sua acomodação. Pode ser também que você esteja precisando de algumas ideias de ações para incrementar determinados momentos das suas estadias. Se esse for o seu caso, consulte as sugestões presentes no manual de encantamento no último capítulo.

Tenho total certeza que, ao passo que você for avançando na leitura, muitas ideias novas e melhorias de processos surgirão em sua mente. Também estou convicto que o seu olhar sobre a cultura do encantamento em hospitalidade nunca mais será o mesmo a partir de hoje. Por isso, mantenha este guia por perto e recorra a ele sempre que sentir necessidade de consultá-lo no seu dia a dia.

Se você for dono de um empreendimento hoteleiro, trabalhar como colaborador em alguma hospedagem ou estiver dando os primeiros passos como estudante de turismo e hotelaria, deixo a minha terceira e última promessa: eu lhe garanto que todo o conteúdo aqui presente tem o poder de gerar frutos para a sua hospedagem, assim como vem gerando resultados fora da curva para as minhas, dos meus alunos, seguidores e todos aqueles que tiveram contato com a metodologia das hospedagens memoráveis nos últimos anos.

Se você está lendo isso agora, certamente está curioso para saber como funciona essa tal metodologia e qual o real impacto que ela pode causar nas experiências de hospedagens dos seus futuros hóspedes. Como eu bem disse há pouco: você pode pular esse trecho aqui e ir direto para os conteúdos metodológicos. Pode ser uma decisão interessante, inclusive. Mas para que você consiga entender profundamente como a metodologia das hospedagens memoráveis funciona, preciso te contar brevemente como foi que ela surgiu.

Tudo começou em 27 de dezembro de 2017. O Natal daquele ano já havia ficado para trás e faltavam pouquíssimos dias para as comemorações de Réveillon. Estávamos no edifício Ile de France, em Copacabana, por volta das 21h, em uma corrida contra o tempo: havíamos acabado de reformar um antigo – e cansado – quitinete de 25 m², transformando-o naquilo que viria a ser, nos próximos anos, a acomodação mais bem avaliada do Rio de Janeiro em sua categoria. Eu não tinha a menor ideia de que chegaríamos a essa marca, afinal, naquela altura, meu pensamento era um só: se quiséssemos garantir a tão almejada reserva de ano novo, precisávamos subir o anúncio no Airbnb o quanto antes. Já passava da meia noite quando completei – meio de qualquer jeito – todas as informações requeridas pela plataforma.

Na tarde do dia seguinte: *Voilà*! Nossa primeira reserva, na nossa primeira acomodação, em menos de 24 horas. Diego e seu namorado. Um casal argentino super simpático que chegaria de Córdoba, no dia 29, e romperia o ano de 2017 entrando para sempre como os primeiros hóspedes da nossa história.

No início de 2018, eu permanecia como sócio da Mesa 4, uma agência de Marketing voltada para o mercado de gastronomia, a qual fundei, em 2013, com o João Pedro Senna – o melhor Designer que já conheci – ainda no 5º período da faculdade de Turismo. A Mesa, como carinhosamente a chamávamos, foi sem dúvida alguma a minha maior escola. Não somente pelos desafios de empreender pela primeira vez – aos 22 anos – mas também pelo imenso aprendizado diário sobre marketing, estratégias digitais e, principalmente, o comportamento humano no segmento de hospitalidade.

Alguns destes comportamentos eu já havia observado durante a minha vivência na hotelaria de luxo, antes de enveredar de corpo e alma para o universo do Marketing. Foi no antigo hotel Sofitel, no posto 6 da praia de Copacabana, onde vi e pude compreender que o ato de hospedar vai muito além de receber alguém em nossa própria casa ou, no caso das hospedagens, é preciso transcender e muito a relação baseada na simples troca comercial. Hospedar é sobre deixar marcas positivamente memoráveis em todos aqueles que cruzarem as nossas portas.

De volta a 2018. Com apenas três meses de operação do nosso studio piloto, recebo em minha caixa de entrada um e-mail que transformaria completamente os rumos da minha jornada no mercado de hospedagens por temporada: "Rodrigo, selecionamos alguns poucos usuários brasileiros que sejam extremamente ativos e com destacado resultado na plataforma para se candidatarem ao processo de seleção de Especialistas de Comunidade do Airbnb. Caso seja aprovado, você integrará o nosso time de suporte, auxiliando anfitriões e hóspedes ao redor do mundo com o seu conhecimento".

Uns dois dias depois, apertei o botão de confirmação e completei todos os testes enviados pelo Airbnb. Dois meses se passaram e nenhuma resposta sobre o resultado havia chegado. A essa altura, eu acabara de encerrar a agência para continuar me dedicando ao marketing em dois segmentos que já vinha atuando há algum tempo: consultoria e educação. Após concluir o MBA em Marketing Estratégico na ESPM, fui chamado pelo professor Eduardo Vilela para retornar a Faculdade de Turismo e Hotelaria da UFF, desta vez como professor convidado de Marketing Turístico no programa de pós-graduação em Gestão de Serviços.

Já era quase final de maio. Eu estava tão atribulado entre a gestão do studio e a grande demanda de consultorias e aulas no Rio e em São Paulo que, sinceramente, já não me lembrava mais do processo do Airbnb. Foi um período intenso em que eu pude lecionar e coordenar alguns dos cursos de marketing digital mais prestigiados do Brasil, além de realizar consultorias para empresas como LATAM, Booking.com, SEBRAE e Grupo Globo.

Até que, no dia 6 de junho, veio a aprovação e o convite para integrar remotamente o time de uma das maiores plataformas de reservas de acomodações do mundo. Foram quase dois anos, mais de 28.000 dúvidas de hóspedes e anfitriões respondidas, e o mais importante: o profundo conhecimento adquirido sobre o funcionamento da plataforma do Airbnb, que viria a alavancar ainda mais os meus resultados como gestor de hospedagens, além de me dar a oportunidade de compreender as principais dores vividas por outros anfitriões e hóspedes em relação aos desafios de receber e se hospedar.

Para mim, o ponto chave disso tudo não foi a participação no programa de especialistas em si, mas sim, o que me levou, com apenas três meses de operação e apenas doze reservas na plataforma, a ser um dos selecionados para o processo. Analisando as avaliações dos nossos hóspedes, a resposta tornou-se clara: as cinco estrelas não eram o nosso diferencial. O que falavam da experiência vivida em nossa acomodação era o que realmente nos tornava singulares em meio a centenas de outros studios em Copacabana. Naquele momento, eu percebi que a nossa tática de jogo não seria "alugar apartamentos por temporada", mas sim, criar experiências de hospedagens memoráveis.

No momento que escrevo este livro, temos sete acomodações no portfólio da La Boutique Studios, quase 700 reservas concluídas, uma avaliação média geral de 4,93 estrelas – de 5 possíveis – e milhares de hóspedes que saíram por uma de nossas portas com um sorriso maior do que entraram.

Em 2020, no auge da pandemia da COVID-19, fundei a Escola de Anfitriões, o que viria a se tornar a maior comunidade de aprendizagem sobre hospedagens por temporada da internet, ajudando diariamente milhares de anfitriões a jogarem o mesmo jogo que a gente.

Com o propósito de trazer cada vez mais luz ao universo da hospitalidade, foi ao ar, em março de 2021, o primeiro episódio do *podcast* Open House, onde abro a casa semanalmente para receber e conversar com as mentes mais brilhantes dos segmentos de turismo, hotelaria, gastronomia e entretenimento. No 24º episódio, tive a honra de ser o primeiro anfitrião do mundo a bater um papo de quase três horas com o Airbnb, representado pelo seu Head de Supply para a América do Sul.

Esse livro é mais uma forma de compartilhar tudo aquilo que acredito em relação à dádiva da hospitalidade. Desejo uma excelente leitura para você e me despeço fazendo um único pedido para o nosso *check-out*: se você se identificar com algum conteúdo visto por aqui, aplique-o na sua acomodação. Se o resultado for transformador, passe adiante: ensine o que aprendeu para outro anfitrião, hoteleiro ou qualquer profissional que você acredite que possa se beneficiar da mesma técnica. Isso será mais valioso para mim do que um milhão de estrelas. Boa leitura!

INTRODUÇÃO
A CURA PELA HOSPITALIDADE

RESERVA CONFIRMADA!
28 de set. de 2021 a 06 de out. de 2021

Olívia
2 hóspedes, 1 bebê
Vive em Berlim, Alemanha

QUARTA, 23 DE SETEMBRO DE 2021. 05:49.

O som familiar e entusiasmante vindo do meu celular – antes mesmo do indelicado despertador de todas as manhãs – anuncia uma nova reserva pelo Airbnb. Não sei você, mas essa notificação costuma me arrancar um sorriso sincero. Às vezes comedido, outras vezes de orelha a orelha, mas sempre um sorriso sincero. Se você também já sentiu esse som saberá do que estou falando. É – no mínimo – excitante.

E quando digo sentir, não me equivoco, pois ao contrário das outras centenas de notificações das dezenas de outros aplicativos instalados no meu celular, essa celebra o início de uma nova história da qual terei a sorte de ser novamente um dos personagens.

Independentemente de qual será o roteiro, o meu papel desta vez terá obrigatoriamente a mesma função que nas tramas anteriores: fazer com que o protagonista tenha o seu final feliz. Melhor dizendo: não apenas feliz, mas memorável. O cenário da história sempre se repete: o Rio de Janeiro. Os hóspedes – ou os protagonistas, como prefiro me referir a eles – sempre mudam.

Às 05:50 tateio a mesinha de cabeceira em busca do celular que, pelo mal necessário da digitalização dos tempos, dorme ao meu lado. Ainda sonolento, esbarro na central de reservas de bolso que prontamente beija o chão. Bom, ao menos foi o celular. Imagina se tivesse sido o copo de água? E por sorte ainda caiu com a tela virada para cima. Deve ser isso que chamam hoje em dia de "o milagre da manhã".

Olho para luz lá embaixo: "Parabéns! Olivia fez uma reserva com você", exaltava a notificação que chegara por Push, e-mail e SMS. Parece que já temos o nome da nossa protagonista e ela fala alemão.

Abro o aplicativo a fim de conferir mais detalhes, os quais traduzo abaixo no bom, bonito, mas nada barato, português:

"Olá, Rodrigo! Meu nome é Olivia e eu, meu marido e minha filhinha de um ano estaremos indo ao Rio pela primeira vez na próxima segunda. Será também nossa primeira viagem com ela. Estaremos aterrissando no Galeão à noite então talvez cheguemos um pouco tarde em Copacabana. Ficaremos até domingo e depois continuaremos nossa viagem para Ilha Grande. Estávamos pensando se conseguiria um berço para o nosso bebê, pois temos medo que ela possa cair caso durma na cama conosco. Se não puder, não se preocupe, encontraremos uma solução. Estamos ansiosos para ficar no seu apartamento. Até breve!"

Wow! Pelo visto, esta não será a viagem de apenas uma protagonista, mas sim a jornada de estreia de uma família inteira na terra do biscoito globo.

Já certo de que essa história não terminará com um gosto amargo de 7 a 1 para nenhum dos lados, guardo mentalmente os detalhes do pedido de Olivia. Em instantes irei adicioná-los no mapa de encantamento referente à sua estadia.

Olho a hora no topo da tela: ainda não passa das 6h. Mal me levanto e outra notificação do Airbnb irrompe o silêncio do quarto: "Infelizmente, Nelson cancelou a reserva". A essa altura, a luz do celular iluminava a camisa de uma prova de corrida de rua que me servira como pijama na noite passada.

Não sei se é sonho ou sono, mas o desenho de um raio estampado no peito me fez lembrar do famoso mito da hospitalidade contado na primeira aula de qualquer curso de Turismo e Hotelaria: há milhares de anos, Hermes, o deus dos viajantes, percorreu as míticas colinas de Frígia disfarçado de pobre mortal para testar a hospitalidade dos humanos.

Das 1001 casas que bateu, apenas um casal de idosos compreendeu suas dores e abriu-lhe as portas oferecendo repouso e um reconfortante prato de comida. Hermes fora acompanhado por Zeus, seu pai, deus dos deuses, e ironicamente o eleito para dar nome à corrida que reluzia no logotipo do meu pijama.

Fatidicamente, após hospedar milhares de pessoas do mundo todo, acredito mais nas ironias da vida e até mesmo no poder do Marketing do que nas coincidências mundanas. Também, por já ter rompido a barreira dos 30, tampouco me atreveria a desafiar qualquer poder superior existente. Afinal, talvez Hermes, o deus dos viajantes, tivesse mesmo outros planos para o meu quase futuro hóspede.

Com uma das mãos vou escrevendo para checar se está tudo bem com o Nelson e se, mesmo com a reserva cancelada, poderíamos ajudá-lo em algo. Com a outra, passo desequilibradamente um café contra o desencanto. Talvez você não goste de café e tampouco tenha o hábito de enviar uma mensagem de cuidado para os "canceladores" – termo que ouvi nos bastidores de uma grande rede de hotéis, e que não se referia a nenhuma polêmica de rede social, mas a uma métrica de resultados da companhia.

Do jeito que for, de uma coisa eu tenho quase certeza: se você vive da hospitalidade assim como eu, certamente exercita intensamente alguns malabarismos hercúleos entre um *check-in* e outro. Estou certo?

Infelizmente a minha história de hospedagem com Nelson terminou antes mesmo de começar. Mas Olivia e sua família chegam em apenas 5 dias e ainda preciso contar a história da Anna, que não será minha hóspede, mas, no momento em que você estiver lendo isso, e se a sua hospedagem for no extremo sul da Bahia, talvez ela tenha sido a sua.

> A hospitalidade não pode ser genérica, deve ser genuína.
> A hospitalidade é uma responsabilidade.
> A hospitalidade cura.

SEGUNDA, 28 DE SETEMBRO DE 2021. 11:03.

"Oi! Precisando de algo é só falar. Tô pelo celular e a Carol tá *online* também. Vou entrar em modo avião. bj bj!"

Essa foi a mensagem que recebi da Anna, minha amiga de grande parte da vida, arquiteta e a qual tenho a honra de ser também padrinho de casamento. Naquele momento ela estava embarcando para Porto Seguro. Como estávamos finalizando a obra da Rio Nomad House – a sétima acomodação da La Boutique Studios – que, diga-se de passagem, fora lindamente projetada pelo seu escritório, Anna quis certificar-se que teríamos o suporte necessário durante a sua ausência. Paradoxalmente, quem mais precisava de apoio naquele momento era ela.

A protagonista de um novo capítulo da história de outro anfitrião estava sentada na poltrona 32C da LATAM rumo à Caraíva, seu destino final. Por uma questão de horas, Anna e Olivia não se cruzariam no aeroporto do Rio de Janeiro. E mesmo que isso tivesse ocorrido, evidentemente jamais se reconheceriam.

Ainda assim, uma coisa em comum as conectava como os opostos que se atraem: a presença de um propósito. Toda viagem tem um porquê e todo viajante, comensal, passageiro e hóspede possui uma motivação por trás.

Não veja o que vou te dizer agora como uma regra irretocável, mas acredite em mim: quem busca hospitalidade, pode estar machucado. Sendo assim, é um dever inegociável daqueles que escolheram trabalhar com isso, sensibilizar-se e atentar às dores dos seus clientes. Afinal, antes de tudo, estamos lidando com seres humanos e não com um número aleatório de confirmação de reserva ou localizador de passagem aérea.

Se olharmos por esse ponto, humanizar os serviços se torna uma missão menos complexa. Em um mesmo avião, por exemplo, podemos ter dois casais: um partindo para sua primeira viagem juntos em lua de mel, e o outro viajando para tentar salvar o casamento conturbado que vem se arrastando de longa data. Um alto executivo de uma grande corporação, que fora demitido horas antes, imaginando como contará a triste notícia para sua família e, na poltrona da frente, um efusivo e encorajado jovem a caminho da entrevista do emprego da sua vida. Uma mãe de primeira viagem celebrando o nascimento de sua terceira filha e, olhando pela janela daquele voo da LATAM, uma filha tentando lidar com o luto da perda recente de sua mãe.

Os meus hóspedes – e também os seus – são, antes de tudo, viajantes que deixaram suas casas para trás movidos por algum importante fator motivacional. O ato de viajar não é a causa, mas sim uma das consequências originadas por alguma inquietação, seja ela do corpo, da mente ou do coração. Seja uma dor ou uma celebração.

Ao ignorar o fator motivacional do seu hóspede, você será capaz apenas de oferecer uma cama e um chuveiro. E em qualquer hospedagem de meia estrela ele encontrará uma cama e um chuveiro.

Se você só pudesse gravar um conceito dentre todos que recheiam as páginas dessa obra, eu recomendaria que fosse este: hospitalidade é um jogo sobre pessoas. E as pessoas mudam o tempo todo. Naturalmente, as cidades e destinos também estão em constante mutação ao longo do tempo, mas jamais na mesma intensidade com que se transformam os comportamentos, as necessidades, os desejos e principalmente as motivações dos viajantes.

Ao conhecer, compreender e agir sobre aquilo que fez o hóspede viajar, você terá a chance de fazer a diferença na história do seu protagonista e marcar para sempre a sua vida.

A hospitalidade vai muito além do simples ato de receber alguém. É muito mais sobre se importar de verdade com as dores das pessoas e sermos responsáveis, mesmo que por poucos dias, pela sua felicidade. A hospitalidade não pode ser genérica, deve ser genuína. A hospitalidade é uma responsabilidade. A hospitalidade cura.

Por aqui, a Olivia terá muito mais do que o berço que ela pediu para sua filha (que a propósito se chama Sophie). Espero que lá na Bahia, a Anna tenha tido a sorte de cruzar com discípulos de Baucis e Filemon (aquele casal que abriu a porta para Hermes e Zeus, lembra?).

Cada hóspede com a sua dor e todos nós, gestores de hospedagens, com nossos propósitos. O meu é fazer de tudo para que essa seja uma das melhores experiências de hospedagem da vida da família da Olivia e de todas as próximas que receberei. E por aí, qual é o seu?

CAPÍTULO 1

TURISMO E HOTELARIA NA ERA DIGITAL E DA EXPERIÊNCIA

Passaram-se sete minutos até que um motorista finalmente foi localizado nas proximidades. De acordo com o mapa do aplicativo, em cinco minutos seria possível avistar o pisca alerta do Renault branco parando em frente ao portão do prédio. Bagagens organizadamente apinhadas no porta-malas. Passageiros acomodados. Primeira parada: Aeroporto Internacional Eduardo Gomes (MAO).

Da rua das Palmeiras até lá seriam 18,7 km. Contando com a destreza do motorista e rezando para que a chuva não desse o ar da graça no céu de Manaus, o trajeto duraria aproximadamente 32 minutos. Acabou levando nove a mais, porém o relógio jogava a favor dessa vez.

Check-in efetuado. Bagagem despachada. Mais duas horas até o embarque no Boeing 777 da GOL rumo a segunda parada: o Aeroporto de Guarulhos (GRU). Cintos afivelados, poltronas na posição vertical e mais 3 horas e 50 minutos de voo adicionados à conta da viagem.

As rodas do avião tocaram o concreto da pista de São Paulo numa velocidade de 260 km/h. De maneira oposta à velocidade do pouso, a chegada à selva de pedra traria uma primeira e demorada conexão: 3 horas e 5 minutos de espera até o próximo embarque.

Finalmente, as rodas do avião deixaram o concreto da pista de São Paulo às 22:20 a caminho do Aeroporto Internacional O'Hare (ORD) na cidade norte-americana de Chicago. O voo UA844, no Boeing 787 da United Airlines, rumo ao segundo aeroporto mais movimentado do mundo – atrás somente do Aeroporto Internacional de Atlanta – contabilizaria mais 10 horas e 25 minutos.

Às 6:45 – hora local – o 787 aterrissou na cidade mais populosa do estado de Illinois, lar do gigantesco lago Michigan e uma das preferidas entre jovens intercambistas dos quatro cantos do mundo.

Como de praxe, todos se levantaram ao mesmo tempo na aeronave. Um pouco daquele cordial empurra-empurra no corredor estreito e, após 12 minutos, mais um desembarque foi concluído. Estamos quase chegando ao destino final dessa viagem, mas antes, ainda será preciso encarar a segunda – e última conexão: serão mais 6 horas e 15 minutos de espera até o derradeiro embarque para a terra do sol nascente.

Terminado o chá de cadeira e dois cafés do Starbucks, o visor eletrônico em frente ao portão 4 convidava os passageiros da All Nippon Airways a embarcarem na aeronave que, ao longo das próximas 12 horas e 55 minutos de voo, os conduziria ao Aeroporto Internacional de Tóquio (HND).

O último pouso do trecho de ida dessa viagem foi concluído com sucesso na capital japonesa. Da capital do Amazonas até lá, dois oceanos foram cruzados e 22.463 km percorridos em mais de 34 horas. A essa altura, 58 minutos de trem até o Sawanoya seria um rápido deleite para os nossos viajantes manauaras.

A propósito, o Sawanoya foi a hospedagem escolhida para os 5 dias intensos em Tóquio. É bem verdade que o caminho para chegar até lá foi longo, mas a sua seleção e reserva foi rápida: após assistirem a um vídeo no YouTube sobre o que fazer em Tóquio, o casal não teve dúvida de que precisaria vivenciar essa experiência. O Sawanoya é muito mais do que um hotel comum: ele é um *ryokan*.

Um *ryokan* é uma hospedaria típica japonesa. Costumam funcionar em prédios antigos do período Edo e são concebidos em decoração tradicional nipônica com bambu, madeira, biombos e tatames. Da mesma família há muitos anos, os *ryokans* são geridos por anfitriões da geração mais recente, mantendo vivos muitos hábitos seculares dos japoneses, como banhos comunitários e o famoso ritual de tirar os sapatos antes de entrar na acomodação.

Os hóspedes dormem em quartos com pouca mobília, num *futon*, uma espécie de manta flexível o suficiente para ser dobrada e guardada durante o dia e utilizada à noite, com o objetivo de poupar espaço. Esse *futon* é colocado diretamente no *tatami* (esteira feita de junco japonês) e, dentro da hospedagem, os hóspedes são convidados a usar a *yukata*, uma vestimenta casual japonesa parecida com um quimono e feita de tecido de algodão ou sintético.

O vídeo sobre o Sawanoya foi a peça chave no quebra-cabeça que compõe o processo de escolha de uma hospedagem durante o planejamento de uma viagem. Na era digital, a produção de conteúdo e a sua distribuição em todos os meios digitais é um fator elementar para o lançamento, manutenção ao longo do tempo e sucesso de uma hospedagem memorável.

Conteúdo gera preferência. A preferência, por sua vez, gera hóspedes. Ao combinar hospitalidade genuína com um excelente produto hoteleiro, agregando experiências de hospedagens fora do comum e estratégias digitais, teremos a ideologia perfeita para implementar o fluxo ideal de uma hospedagem de sucesso.

Toda vez que for preciso debater preço, o hotel se tornará uma *commodity*. Se a sua hospedagem estiver nessa situação, provavelmente você não criou preferência. O consumidor não está conseguindo fazer diferenciação alguma sobre você e outras acomodações concorrentes. No mundo onde o *smartphone* manda nas decisões dos seres humanos, a moeda de troca mais valiosa é a atenção, e a forma como retemos a atenção no ambiente digital é por meio da criação de conteúdo. Talvez você mesmo já tenha sido influenciado sobre o destino das suas próximas férias a partir de uma foto ou vídeo que alguém compartilhou no Instagram.

Nesse contexto da era digital, as hospedagens têm uma oportunidade incrível que não existia há 20 anos: capturar o hóspede antes mesmo dele planejar a sua próxima viagem. Conteúdo gera valor, que gera preferência, que por sua vez tira a sensibilidade sobre o quesito preço. O conteúdo é tão poderoso que pode fazer uma pessoa descobrir a sua hospedagem e desejar experienciá-la antes de se dar conta de que fazer uma viagem é algo a ser considerado em sua vida. Nesse momento, a hospedagem se torna o destino. Isso é algo simplesmente fantástico.

O VALOR INTANGÍVEL DA EXPERIÊNCIA DE VIAJAR E SE HOSPEDAR

Para as economias modernas, a era da experiência é definida pelo domínio do valor intangível. Historicamente, a maior parte do valor econômico sempre foi baseado na forma de produtos e matérias primas. A era da experiência marca uma mudança na percepção de valor sobre coisas que são palpáveis em relação às coisas intangíveis, passando estas últimas a representarem a camada mais valiosa.

O valor intangível inclui categorias como serviços, entretenimento, marcas, códigos, algoritmos, universo digital, experiência do cliente, experiências compartilhadas, designs, obras criativas, invenções, conceitos, aprendizagem, capital cultural e influência, as quais possuem pouca ou nenhuma presença física.

As hospedagens, bem como qualquer companhia que componha o mercado turístico e vislumbre alcançar o patamar de uma empresa memorável, deve se posicionar permanentemente como uma entidade produtora de emoções.

A maioria dos serviços que contratamos ao longo de nossas vidas são corriqueiros. É claro que são importantes, resolvem problemas pontuais, mas a verdade é que não deixam lembranças. Podemos ter ótimas ou péssimas experiências ao fazer a unha no salão, lavar o carro no posto ou consertar o computador em uma assistência especializada. Contudo, as motivações que nos levam a procurar esses serviços são muito simples e racionais.

A grande diferença entre lavar o carro e fazer uma viagem está na carga emocional envolvida e na complexidade do processo de compra e vivência. Viajar se tornou algo tão importante na vida dos seres humanos que, atualmente, muitos casais ao invés de pedirem coisas para casa, pedem cotas de viagem como presente de lua de mel. Talvez você já tenha dado – por meio daqueles *sites* de casamento – um "jantar romântico" ou um "passeio de balão" para os noivos de algum matrimônio que foi como convidado.

Muitas vezes, as viagens se apresentam como uma grande recompensa em momentos importantes da vida: fazer uma festa de 15 anos ou viajar para a Disney? Esse é um dilema vivido por muitas debutantes ao redor do mundo.

Em 2021, a plataforma Booking.com realizou uma pesquisa com o seguinte questionamento: "o que você preferiria que acontecesse na sua vida até o final do ano: uma viagem ou encontrar o verdadeiro amor?". Os resultados revelaram que 74%, ou seja, praticamente três em cada quatro viajantes brasileiros prefeririam viver momentos inesquecíveis, dentro ou fora do país, a conhecer o amor da sua vida naquele ano.

O menor apego às coisas físicas é outro ponto importante que essa pesquisa corrobora. Por exemplo: a compra de um carro – historicamente um bem de consumo muito almejado pelos brasileiros – está ficando em segundo plano. Segundo a pesquisa, 62% dos entrevistados prefeririam viajar a trocar de carro. Além disso, mais da metade dos questionados (51%) prefeririam conhecer novos destinos a receber uma promoção no trabalho.

Em tempos de pandemia e isolamento social, até a família perdeu espaço na disputa com o desejo de curtir férias em 2021. Mesmo após meses de interações limitadas com parentes por conta do distanciamento, 59% dos brasileiros escolheriam viajar ao invés de aproveitar um jantar com todos os familiares.

O ato de viajar carrega consigo um poderoso valor intangível, deixando os viajantes receptivos às emoções e novos momentos que uma viagem proporciona. As hospedagens precisam encarar essa abertura inconsciente como uma grande oportunidade.

A IMPORTÂNCIA DOS ELEMENTOS INTANGÍVEIS NA ARTE DE HOSPEDAR

Os elementos tangíveis e intangíveis do serviço de hospedagem são muito importantes na indústria hoteleira e no turismo, pois desempenham um papel fundamental na percepção final sobre a experiência vivenciada pelo hóspede, influenciando na sua consequente satisfação. Esses elementos combinados representam grande parte da decisão final do turista na escolha por um determinado hotel ou destino.

Muitos hóspedes extremamente satisfeitos permanecem fiéis, o que significa que voltarão a uma determinada hospedagem e constantemente a indicarão para outras pessoas. Portanto, a fidelidade ocorre como consequência da alta qualidade percebida do serviço de hospedagem, no qual os componentes intangíveis da experiência desempenham um papel fundamental.

A intangibilidade é tudo aquilo que não pode ser visto, provado, ouvido ou cheirado. Os elementos intangíveis se referem à totalidade das relações no processo de hospedagem. Basicamente, este processo é a forma pela qual o hóspede experimenta e utiliza o serviço. A princípio, um hóspede em potencial é exposto a várias informações e opções de hospedagens nos mais variados canais, se comunica com os hotéis previamente selecionados, faz uma reserva, vai até o hotel, permanece por determinado tempo, utiliza vários serviços, interage em diversos pontos de contato e depois vai embora. Neste processo de prestação de serviços, o fator humano desempenha o papel dominante no nível de satisfação dos hóspedes.

Os colaboradores são o recurso mais significativo de uma hospedagem, e a qualidade dos serviços prestados, bem como o sucesso comercial, depende de seus conhecimentos, habilidades, competência e engajamento durante a execução do serviço.

A satisfação dos hóspedes é baseada nas dimensões tangível (técnica) e intangível (funcional), levando sempre em consideração que são dois campos interdependentes, mas que possuem diretrizes específicas de entrega.

A entrega técnica refere-se ao benefício básico proporcionado ao hóspede e que são obtidos diretamente pelo serviço (uso do quarto, comida e piscina, por exemplo). Já a qualidade funcional refere-se ao processo de criação e prestação de serviços e está relacionada à forma como o hóspede obtém, experimenta, usa e percebe o serviço.

Ao mesmo tempo, garantir um nível consistente de qualidade do componente de serviço intangível representa a maior dificuldade na indústria da hospitalidade. Estas dificuldades surgem devido ao grande número de interações entre os funcionários e os hóspedes. Novas situações, que tanto os hóspedes quanto os funcionários experimentam subjetivamente, sempre surgem (atmosfera de conversa, prontidão para prestar um serviço, gentileza etc.). Por exemplo: um hóspede pode preferir um barman que fale pouco, mas é eficiente e habilidoso, enquanto outros podem esperar que o mesmo barman seja um parceiro na conversa, a ponto de obter muitas informações dele.

O fator humano é uma das principais condicionantes para que uma experiência de hospedagem seja memorável. Por isso, é imprescindível conhecermos o perfil, necessidades, comportamento e expectativas dos hóspedes que se hospedam em nossas acomodações.

CAPÍTULO 2

AS 7 TRIBOS DE VIAJANTES QUE SE HOSPEDAM PELO MUNDO

Não é novidade que o planeta vem sofrendo transformações irreversíveis nas últimas décadas. Essas mudanças, por consequência, mudam também a vida e o comportamento daqueles que vivem neste mundo e, por tabela, daqueles que amam se deslocar dentro dele.

A economia mudou, passando por dezenas de crises e lentas recuperações; diversos trabalhos antes considerados "convencionais" já não existem mais; muitas profissões perderam força e algumas até mesmo deixarão de existir nos próximos anos. A rotina profissional em *home office* era algo impensável para funcionários de grandes corporações antes da pandemia da COVID-19; hoje é uma realidade para muitos profissionais ao redor do globo.

Há menos de duas décadas, um jovem chamado Jawed Karim entrou para história ao publicar o primeiro vídeo do YouTube. Com apenas 18 segundos, o conteúdo audiovisual gravado nos Estados Unidos e intitulado *"Me at the zoo"* mostrava a ida do menino a um zoológico localizado no estado da Califórnia.

Já os segmentos de transportes e hospedagens – dois componentes fundamentais para a engrenagem da indústria do turismo – também sofreram revoluções sem precedentes. Grandes empresas que mudariam a forma como os turistas vivenciam o destino foram criadas e tiveram crescimentos exponenciais.

A Uber, atualmente intrínseca na vida de moradores e viajantes nos destinos, surgiu em 2009, alterando a forma como as pessoas se deslocam dentro das cidades em que moram e aquelas que os turistas desbravam em suas viagens.

Outro exemplo foi o Airbnb, que iniciou suas atividades em 2008 provocando uma explosão no segmento de meios de hospedagem extra-hoteleiros. Em 2020, após abrir capital na bolsa de valores norte-americana, a companhia foi avaliada em mais de US$ 100 bilhões. Este montante supera os valores de mercado de grandes redes icônicas como Marriott e Hilton, mesmo a empresa não tendo nenhum quarto em sua titularidade.

É impossível desconsiderar também os efeitos da pandemia do coronavírus sobre o comportamento de viagens. Com a retomada da estabilidade, os viajantes começaram a se recordar de todas as coisas que gostam de explorar no mundo, enquanto repensam paralelamente como seus hábitos de viagem impactam o planeta. Com isso, certas tendências existentes foram aceleradas, e novas surgiram ao mesmo tempo.

Todos nós tivemos que transformar a forma como vivemos nossas vidas, em esforços conjuntos para administrar o surto pandêmico e manter uns aos outros em segurança. Com estas mudanças e restrições repentinas, os hábitos de viagem dos consumidores tiveram que mudar abruptamente e continuarão a evoluir paulatinamente.

Nesse contexto, as escolhas que as pessoas estão fazendo sobre como viver suas vidas, impactam também na forma como escolhem viajar e viver novas experiências. Algumas dessas mudanças prevalecerão a curto e médio prazo, já que as políticas de gestão da COVID-19 continuarão a ditar por algum tempo como a maior parte do mundo viaja, enquanto outras transformações podem vir a nortear o turismo no longo prazo.

Para compreender melhor o comportamento desses novos viajantes, bem como suas dores, necessidades, preferências e aspirações, conheceremos a seguir 7 diferentes grupos – os quais chamaremos de tribos – e que serão responsáveis por moldar o futuro das viagens até o final de 2030.

Esses grupos de viajantes apresentados a seguir foram baseados em diversos relatórios produzidos nos últimos 10 anos por renomadas empresas de pesquisa do setor de turismo, tendo como pilar principal o estudo *Future Traveller Tribes 2030*, encomendado pela Amadeus à *Future Foundation*. As minhas percepções pessoais vivenciadas na La Boutique Studios, a partir da recepção de milhares de hóspedes vindos de diversas partes do mundo, também ajudam a compor os sete grupos apresentados.

Além de aprofundar nos detalhes individuais de cada uma das sete tribos, proponho ao final de cada grupo, algumas estratégias para que você possa posicionar a sua hospedagem para esses hóspedes, caso algum dos segmentos tenha o perfil do seu público-alvo em potencial ou dos seus hóspedes atuais.

1ª TRIBO: BUSCADORES DE SIMPLICIDADE

O sistema de trabalho em *home office* inegavelmente ganhou notoriedade a partir do ano de 2020. Entretanto, essa nova dinâmica não veio necessariamente acompanhada de reduções na carga horária das jornadas de trabalho. Pelo contrário: muitos trabalhadores, em função da economia de tempo gerada pela ausência de deslocamento até o escritório, têm estendido suas rotinas profissionais além do horário estipulado pelos acordos trabalhistas.

A cobiçada jornada de trabalho de quatro ou cinco horas por dia, proposta por alguns países europeus como Dinamarca e Holanda, parece ser um conceito estranho para aqueles que passam a maior parte do seu tempo dedicados às suas obrigações profissionais. Atualmente, as pessoas passam mais tempo trabalhando do que em qualquer outra época do século passado.

Por outro lado, as micro redes de trabalho, o avanço das tecnologias, a robotização da indústria e o aumento da eficiência na digitalização dos serviços, pressupõe que, para aqueles dispostos a investir, não haverá tarefas administrativas ou de pesquisa que não possam ser terceirizadas para algum agente humano ou (cada vez mais) para máquinas e sistemas inteligentes.

Aquelas pessoas que possuem extensas jornadas de trabalho ou que lhes resta pouco tempo durante a semana para momentos de lazer, tratarão suas férias como uma oportunidade de experimentar um tipo de estilo de vida que normalmente não conseguem vivenciar em seus dias atribulados.

Esses são os Buscadores de Simplicidade. Essa tribo de viajantes deseja gastar o menos possível do seu próprio tempo no planejamento de suas viagens. Eles vão querer que as opções sejam colocadas diante deles, em formatos simples e transparentes por profissionais de turismo especializados. Eles não farão questão de gerenciar cada micro detalhe de sua viagem em nível granular, mas sim usar terceiros e sistemas para simplificar suas escolhas em pacotes tradicionais, ou "pacotes" personalizados.

As férias para esta tribo representam uma época rara na vida para mimar a si mesmo. Desafiar a si próprio não é uma prioridade para esse grupo. Entretanto, há um paradoxo no coração desta tribo: eles podem querer nada mais do que fugir da rotina e descansar para esquecer a vida doméstica e suas preocupações na medida do possível. Contudo, a verdadeira facilidade depende dos confortos que lhes são familiares. Eles podem ser ricos em dinheiro, mas são pobres em relação à disponibilidade de tempo livre. Paralelamente, podem se sentir esgotados por suas vidas ocupadas.

Buscadores de Simplicidade, em grande parte, não possuem interesse em se envolver com diferentes culturas ou ampliar seus horizontes. Seu ideal de viagem será ligar o interruptor na posição "desligado" com segurança e conforto por quinze dias ou durante um tempo breve de suas férias.

Milhões de novos viajantes de mercados emergentes se enquadrarão nesta categoria. Eles serão atraídos por pacotes que ofereçam a capacidade de "colocar os pés na água" com a garantia de segurança e prazer, além de uma estrutura adequada para vivenciar sem surpresas desagradáveis a sua experiência no destino.

O senso de aventura, buscado por outras tribos, será menos importante do que "o básico", sejam os simples prazeres da boa comida e do bom tempo. Não ligam para desbravar a cidade. Contentam-se em visitar apenas os pontos turísticos tradicionais, que podem ficar de fora dos roteiros de viajantes mais aventureiros ou que gostem de explorar a verdadeira cultura local.

Os comportamentos deste grupo são os mais previsíveis entre as sete tribos, pois parecerão os mais familiares aos fornecedores de viagens, principalmente àqueles que já trabalhem com pacotes mais tradicionais e voltados para destinos de massa.

Até 2030 existirá uma indústria diversificada de gestão de decisões. O ecossistema das agências de turismo certamente crescerá, abrangendo agentes de viagem tradicionais, agentes de mídia digital e até mesmo algoritmos ou "robô-agentes" (na linha dos "robô-brokers" que já funcionam relativamente bem na indústria de consultoria de investimento).

Os Buscadores de Simplicidade vão querer ter acesso a uma comunidade de conhecimento a quem eles possam delegar suas decisões.

Como posicionar uma hospedagem para os Buscadores de Simplicidade:

Pré-visualização e segurança: criando um *tour* virtual da acomodação

Essa tribo de viajantes irá delegar a responsabilidade pelo sucesso de sua viagem, contudo não vão querer se sentir impotentes sobre seu futuro. Eles buscam segurança e tranquilidade. Podem usar um algoritmo inteligente para determinar sua opção perfeita para um assento no avião, mas também podem querer validar o resultado com seus próprios olhos antes de clicar no botão de reservar. Eles aproveitarão oportunidades para usar tecnologias imersivas como a realidade virtual para "prever" seu assento no avião, quarto de hotel e atividades de lazer no destino.

Portanto, hospedagens podem utilizar o recurso de fotos 360 graus para que os hóspedes vejam com maior detalhamento o interior dos quartos, buffet de café da manhã e toda a infraestrutura oferecida. Esse recurso permitirá que o hóspede navegue pelos ambientes, como se estivesse lá, conferindo cada detalhe antes de escolher se hospedar no seu estabelecimento.

As fotos 360º são fotos panorâmicas, captadas por uma câmera especial, ou aplicativo específico, cuja combinação de várias fotos sequenciais cria uma única imagem, gerando uma visão de até 360 graus, fechando assim uma visualização esférica completa do cenário que está sendo mostrado.

Hoje em dia, para criar um tour virtual da hospedagem não é mais obrigatório contratar uma empresa especializada. Você mesmo poderá fazer as imagens panorâmicas utilizando um *smartphone* e o aplicativo Google Street View.

Antes de fazer as imagens é fundamental preparar os ambientes que serão fotografados para que mostrem com perfeição a acomodação, gerando desejo e segurança aos hóspedes em potencial. Preferencialmente as fotos devem ser feitas durante o dia, pois a luz natural tende a favorecer a qualidade do resultado final. Se o *smartphone* tiver a função grande-angular na câmera, também é recomendável a utilização para capturar um maior nível de detalhamento do ambiente.

Passo a passo para tirar fotos 360 graus com o Google Street View:

1. Baixe o aplicativo Google Street View no *smartphone* (disponível para Android e iOS);
2. Abra o app; pressione o ícone da câmera e clique em "Tirar foto esférica";
3. Siga as instruções do aplicativo, apontando a câmera para um ponto inicial desejado e movendo lateralmente para capturar novas imagens até fechar a volta completa no ambiente;

4. Ao finalizar, indique o nome da hospedagem em localização, adicionando também uma legenda com o nome do quarto, por exemplo. Clique no botão "postar" para disponibilizar o tour na *web*.

Você pode inserir o tour virtual no *website* da sua hospedagem e também divulgá-lo em seus canais digitais. Essa forma de visualização torna a experiência do hóspede em potencial muito mais imersiva do que as fotos planas tradicionais. Combinar os dois recursos criará um ambiente de alta conversão para os Buscadores de Simplicidade.

2ª TRIBO: PURISTAS CULTURAIS

O mundo está cada vez mais globalizado. Fronteiras estão se tornando fluidas, culturas cada vez mais receptivas e mercados se entrelaçando. Esse cenário, sem dúvida, trará muitos benefícios para os viajantes, pois cria um mundo menor, mais seguro, mais aberto e mais compreensível.

Isso tudo é visto pela perspectiva da segunda tribo, os Puristas Culturais, como uma vantagem para se aprofundar na diversidade, autenticidade e mistérios do mundo.

Os puristas culturais usam sua viagem como uma oportunidade para mergulhar em uma cultura desconhecida, procurando romper totalmente com a rotina cotidiana, envolvendo-se genuinamente com um modo de vida diferente do seu. O sucesso da viagem depende do realismo da experiência que as marcas de hospedagem podem criar para que seus hóspedes se sintam como nativos de verdade.

As atividades específicas empreendidas irão variar, naturalmente, com base na cultura com a qual este grupo tentará estabelecer contato. Na maioria dos casos, isso significará um desvio dos roteiros tradicionais e dos passeios batidos e massificados. A pesquisa pré-viagem será econômica, e eles serão hostis ao planejamento, preferindo seguir seu instinto pelo que é profundo e legítimo ao invés de opções que sejam superficiais, extremamente populares ou grosseiramente comerciais.

Os Puristas Culturais tendem a evitar fontes de pesquisa muito conhecidas (como o TripAdvisor, por exemplo), ou consultá-las apenas para validar quais são os destinos, atrações e hotéis bem classificados e comercialmente bem sucedidos que eles deveriam evitar.

A fonte ideal de inspiração para o Puristas Culturais é o "boca a boca". Qualquer recomendação feita a eles deve se apresentar desta maneira. Muitos também utilizarão redes sociais em pequena escala e blogs administrados por viajantes que possuam a mesma forma que eles de enxergar uma viagem.

Os Puristas Culturais podem ter preferência por hospedagens locais, de pequenas marcas ou redes independentes, o que significa que dificilmente se hospedarão em grandes cadeias hoteleiras com centenas de outros hóspedes, atendimento impessoal e serviços padronizados.

De todas as tribos aqui descritas, os Puristas Culturais talvez sejam os que possuam maior tendência a viajarem sozinhos. Em relação à sensibilidade a gastar quantias elevadas, não é possível dizer que esse grupo não tenha alto poder aquisitivo ou não despenda grandes montantes em sua viagem. O ponto central neste caso é que eles podem achar prazeroso vivenciar as férias o mais barato possível, associando luxo e serviços caros à inautenticidade.

Os puristas culturais valorizarão a impulsividade e a experimentação, tornando-os menos receptivos aos pacotes de viagens pré-prontos e roteiros engessados. Além disso, estarão interessados em tarifas flexíveis, desejarão poder cancelar voos e acomodações faltando poucos dias para o *check-in* caso as suas ideias os levem em uma nova direção. Serão geralmente desleais a qualquer local, cadeia de hotéis ou companhias aéreas em particular, descartando a eficácia de programas de fidelidade.

Eles são educados, exigentes e seguros de si mesmos e, embora representem desafios para as empresas de turismo neste aspecto, sua abertura de espírito e receptividade a propostas fora do comum também apresentam excelentes oportunidades para o setor de hospitalidade.

Como posicionar uma hospedagem para os Puristas Culturais:

Curadoria de experiências autênticas da hospedagem

Hostis ao planejamento minucioso, a mentalidade de aventureiro do Purista Cultural será celebrada por aplicativos, ferramentas e indicações que façam sugestões e permitam improvisações durante a viagem. Em um cenário onde a utilização de dados se faz mais necessária para a antecipação das necessidades do hóspede, o desafio de entregar o inesperado em escala é intensificado.

O Purista Cultural pode desconfiar dos resultados mostrados nos *sites* de busca, como o Google, e das plataformas de dicas de viagens, visualizando-os como uma armadilha que o levará ao oposto daquilo que desejam experienciar no destino. Em outras palavras, eles querem que as suas preconcepções, gostos e aversões sejam desafiados, não consolidados, durante a sua experiência de viagem. Para aqueles que procuram uma imersão autêntica no desconhecido, a personalização pode ser algo a ser solicitado sempre que possível.

A sua hospedagem pode auxiliar o Purista Cultural em sua busca pelo conhecimento autêntico e profundo sobre o destino, a partir de uma seleção minuciosa de vivências fora do comum guiadas por nativos da região. Por exemplo: certamente o viajante com esse perfil não irá se interessar em participar de um Favela Tour no Rio de Janeiro, passeio realizado por turistas dentro de um *Jeep* que circula pelas vielas da favela espetacularizando a comunidade, tentando extrair valor da desvalorização de maneira nada genuína.

Entretanto, talvez o Purista Cultural se interesse pelo "Rolé dos Favelados", proposta de contraponto criada pelo guia de turismo e morador do Morro da Providência, Cosme Felippsen, para combater o turismo predatório e contar a história de resistência desses territórios. A começar pela dinâmica: o passeio é feito a pé e os guias são sempre pessoas comuns que vivem nos morros.

Compartilhe com os hóspedes os passeios e roteiros selecionados por meio de canais digitais ou comunicação dentro das áreas comuns da hospedagem.

3ª TRIBO: BUSCADORES DE CAPITAL SOCIAL

Cada vez mais as mídias sociais desempenharão um papel importante na vida da maioria das pessoas que compõem a sociedade mundial. Muitos, entretanto, estabelecerão uma fronteira entre suas vidas *online* e *off-line*, vendo as conversas sociais na internet como substitutos imperfeitos do contato humano real, e seus perfis *online* como, no máximo, apenas um recorte relacionado à pessoa que realmente são. Eles serão capazes de fechar o Instagram e seguir em frente com as suas vidas.

A tribo dos Buscadores de Capital Social explora o potencial de sua rede social para enriquecer e informar sua vida *off-line*, e vice-versa, com tal habilidade e perícia que se sentirão extremamente confortáveis nos ambientes digitais. Eles verão o mundo pela ótica potencial de criar conteúdo compartilhável, com o senso visual de um diretor de cinema e senso narrativo de um roteirista e – talvez o mais importante para o futuro Buscador de Capital Social – o senso para negócios de um empresário de sucesso.

A influência até 2030 será maciçamente monetizável. É cada vez maior o número de pessoas que se autointitulam como influenciadores digitais na internet. O post certo para a marca certa pode valer muito (para ambos os lados). Mesmo com crescimento visível, atualmente esta economia ainda é embrionária e informal, e os usuários são, na maioria das vezes, a parte ativa do jogo.

O capital social diz respeito à rede de contatos de determinada pessoa. Para o lendário sociólogo Pierre Bourdieu, o capital social é o agregado de recursos atuais ou potenciais que estão ligados à posse de uma rede de contatos durável de relacionamentos – em outras palavras, é o pertencimento a um grupo.

A posse de capital social reproduz relacionamentos duradouros e úteis que podem garantir ganhos materiais, financeiros ou gerar alguma forma de ascensão para o indivíduo.

Nesse contexto, as viagens serão enormemente atraentes para este grupo. Historicamente, as viagens sempre transportaram capital social, e nosso apetite por atualizações constantes de nossos amigos, familiares e pessoas famosas será infinito.

Os Buscadores de Capital Social não apenas estruturam naturalmente suas atividades de férias e orientam seus comportamentos tendo em mente sua audiência *online*, eles também possuem um mantra: uma viagem só é inteiramente válida se os momentos vividos puderem ser compartilháveis com a sua rede.

Para os Buscadores de Capital Social, vivendo metade *online*, metade *off-line*, a viagem não termina quando eles tocam novamente o solo do seu país. Parte do processo da viagem para este grupo é colher os benefícios a longo prazo das experiências que eles tiveram. Por um lado, isto significará revisitar as memórias armazenadas em seus dispositivos móveis. Por outro, esse ponto se baseará na adulação, como uma estrela de rock que volta para casa após uma turnê mundial.

As fotos serão postadas buscando curtidas, comentários e influência. Seja esse conteúdo remunerado ou não.

Como posicionar uma hospedagem para os Buscadores de Capital Social:

"Pagando" o engajamento dos hóspedes com reciprocidade

A maioria dos hóspedes não irá se engajar com uma hospedagem nas mídias sociais por livre e espontânea vontade. A verdade é que grande parte das pessoas não se relaciona de graça. Os Buscadores de Capital Social compreendem perfeitamente o quão valiosas são as suas avaliações e conteúdos gerados por eles em suas mídias sociais e esperarão recompensas das marcas em troca. Eles vislumbram que sua influência na rede – em menor ou maior escala – lhes gerem *upgrades*, descontos nas tarifas, *late check-outs* ou outros benefícios.

Você pode estimular o compartilhamento de momentos dentro da sua hospedagem com uma comunicação dentro do quarto. Por exemplo: o hóspede que publicar uma foto, *stories* ou vídeo marcando a acomodação na rede social, ganha uma surpresa.

Para esta tribo, uma *selfie* de si mesmo nunca é inadequada. O Mandarin Oriental Paris, por exemplo, recompensa os seus hóspedes com uma visita privada aos locais na capital francesa, escolhidos graças às suas ativações no Instagram.

Os convidados recebem uma lista completa dos mais cênicos e fotogênicos locais em Paris. Enquanto são conduzidos de um ponto ao outro em um carro com motorista, os convidados podem colocar suas fotos *online* graças ao Wi-Fi a bordo do veículo. Ao final de cada mês, de outubro a janeiro, o gerente do hotel seleciona a melhor *selfie* postada pelos hóspedes. O vencedor recebe uma estadia gratuita de uma noite no hotel parisiense.

Isto representa a mais recente manifestação de uma micro tendência desenvolvida por vários hotéis independentes em todo o mundo. O resort La Concha em San Juan, Porto Rico, ofereceu um pacote chamado *Take a Selfie Adventure*, incluindo descontos na Destilaria Bacardi; um tour pela floresta tropical; e prática de *kitesurf* em águas cristalinas.

Já o hotel 1888 em Sydney, Austrália, levou essa estratégia além, projetando todo seu espaço, e decorando-o com molduras douradas vazias e penduradas, como um playground para Instagrammers. O prédio de 90 quartos, construído no final do século 19, possui telas na recepção exibindo constantemente imagens publicadas com a *hashtag* #1888hotel, além de mapas que mostram passeios instagramáveis nos arredores, como a Pyrmont Bridge, a Darling Harbour e o Jardim Chinês.

4ª TRIBO: CAÇADORES DE RECOMPENSAS

À medida que a consciência dos cidadãos globais se aprofunda sobre a sobrecarga emocional de viver em grandes cidades, horários de trabalho mais longos, vidas solitárias para muitos e a alta dependência tecnológica contribuem para o aumento da sede por viajar como uma grande recompensa pelo esforço diário despendido.

A experiência dos Caçadores de Recompensas vincula-se a uma tendência de ampla necessidade e desejo por momentos de lazer. Muitos passaram a almejar algo que represente uma experiência de recompensa, ou seja, um retorno ao seu investimento de tempo e esforço aplicado no escritório ou em sua vida diária. Um prêmio é colocado em experiências extraordinárias que prometem nos ajudar a nos entender melhor, nos estimular mentalmente, nos construir fisicamente e, finalmente, desfrutar dos mais altos padrões de viagem e hospitalidade que o mundo tem a oferecer.

Isto poderia ser orientado para o bem-estar, como a incorporação de uma experiência de spa de alto nível, por exemplo, mas também poderia ser algo muito mais espetacular e diferente, como voar em um helicóptero particular para um concerto musical que acontecerá em uma cidade diferente esta noite. A viagem envolveria não apenas a aquisição dos ingressos esgotados, mas também a curadoria da experiência *one-off*, porque o tempo, o dinheiro e o acesso a este tipo de viagem está disponível, e é vista como uma recompensa pelo esforço diário da vida moderna.

Os Caçadores de Recompensas são afluentes, globalmente conscientes, refinados em seus gostos e serão um público enérgico pela inovação em viagens de luxo nas próximas duas décadas. As viagens serão vistas por essa tribo como um dos bens mais merecidos. A recompensa se manifestará de diferentes formas para diferentes pessoas; podemos esperar que esta tribo busque experiências de bem-estar dedicadas exclusivamente ao seu próprio relaxamento e autoaperfeiçoamento, juntamente com o excesso hedonístico e a extrema autoindulgência, seja ela gastronômica ou festiva.

Os caçadores de recompensas terão uma relação complexa com a tecnologia. Por um lado, seu propósito de viagem estará ligado à ansiedade e estresse gerados por tantas atribulações e, muitas vezes, pelo excesso de conectividade às mídias sociais. Eles podem tratar suas férias como uma espécie de desintoxicação digital, indo contra a tendência geral ao escolher destinos com base não na quantidade de conectividade que oferecem, mas no pouco que oferecem. Já, por outro lado, se a tecnologia puder proporcionar novas experiências pessoais hedonísticas que são consideradas inatingíveis pelas massas, então eles serão rápidos em adotá-la.

Os Caçadores viajam para retornar melhores de alguma forma e para satisfazer seu sentimento de "eu mereci essa viagem". Neste aspecto, eles são semelhantes aos Buscadores de Capital Social. Entretanto, os resultados que eles exigirão serão menos tangíveis que essa outra tribo: um sentimento temporário de serenidade, a impressão de ter experimentado algo completamente único e memorável, uma história para contar sobre a beleza interior e exterior que eles encontraram durante sua experiência. Isto será suficiente para muitos.

Para aqueles Caçadores de Recompensas que provavelmente desfilarão suas histórias de viagem em redes *online*, lembranças personalizadas e compartilháveis poderiam ser oferecidas por locais de hospedagem ou mesmo em aeroportos.

Outro fator que caracteriza esse grupo é sobre o seu perfil familiar: o número de famílias monoparentais e de indivíduos que moram sozinhos está crescendo em todo o planeta. Até 2030, eles representarão 20% dos lares em todo o mundo. Já na Europa Ocidental, mais de 30% das casas são compostas por essas unidades familiares. Além disso, as pessoas que vivem com a família muitas vezes lutam para encontrar um tempo em que todos estejam livres para viajar.

Por isso, as viagens solo estão crescendo, especialmente entre o público mais jovem e aqueles que procuram se descobrir, no estilo "comer, rezar, amar".

Como posicionar uma hospedagem para os Caçadores de Recompensas:

Implemente elementos singulares que criem campos de atratividade

A vivência de experiências únicas é um fator motivacional de suma importância para a escolha de uma hospedagem pelos Caçadores de Recompensas. A sua seleção será baseada em acomodações que ofereçam design; amenidades e/ou serviços fora do que é visto em acomodações comuns. Mais do que viver uma experiência singular, os pertencentes a essa tribo querem se sentir importantes. Tratamento e atendimento *VIP* serão diferenciais contundentes para os Caçadores.

Outro fator que terá grande destaque no processo de escolha é o quão fora do comum será a infraestrutura e os ambientes da hospedagem. Ao criar áreas e elementos que tornem o local muito diferente daqueles que já existem, os Caçadores de Recompensas se sentirão atraídos e pagarão preços altos por isso.

Um exemplo é o The Library: um hotel boutique à beira-mar em Chaweng Beach – localizada na segunda maior ilha da

Tailândia – com sua exclusiva e inconvencional piscina vermelha. Com design minimalista, um dos maiores destaques do hotel é sem dúvida sua piscina de fundo vermelho intenso.

A água em si é transparente, o que causa o efeito são os azulejos selecionados que revestem o fundo da piscina, resultando em um efeito visual avermelhado. Além disso, uma iluminação especial é utilizada para causar ainda mais impacto no visual – mesmo durante a noite.

Os móveis da área externa como espreguiçadeiras e guarda-sol, e também os acessórios, contrastam com os tons de azul do mar ao fundo, por também ter o mesmo tom vermelho-sangue igual ao da piscina. A *Red Pool*, como é conhecida, foi eleita como uma das piscinas de hotéis mais espetaculares do mundo pelo TripAdvisor e pela Condè Nast. Com seus mosaicos laranjas, amarelos e vermelhos, apresenta um espetáculo deslumbrante de cores e estilo brilhantes para os seus hóspedes.

Spa na chegada

Mesmo com todas as suas novas ferramentas de entretenimento e amenidades, as viagens aéreas de muitas horas continuarão a carregar tensões e desconfortos para a maioria dos passageiros. Este ponto será sentido de forma particularmente intensa pelos Caçadores de Recompensas. Spas e tratamentos de bem-estar surgirão em vários pontos da viagem do consumidor, seja no pós *check-in* nos *lounges* para clientes especiais, ou imediatamente na chegada, funcionando como um remédio contra o *jet lag* e problemas de circulação causados pelas longas horas sem movimentação dentro das aeronaves.

Um mini spa na chegada, com foco na recuperação do voo e preparação para a jornada de viagem no destino, se apresenta como uma proposta interessante para que as hospedagens ofereçam aos seus hóspedes. Para as acomodações que não disponham da estrutura necessária para grandes tratamentos, uma experiência de autocuidado, onde o hóspede realize o próprio tratamento na acomodação, é uma alternativa interessante. Disponibilize *amenities* especiais junto com um guia de instruções para que o hóspede realize o seu próprio ritual no quarto.

5ª TRIBO: VIAJANTES ÉTICOS

O estado atual acalorado de debate sobre as mudanças climáticas do planeta é um indicativo confiável de sua importância para grande parte da população mundial. É possível que, nos próximos anos, muitos passageiros evitem determinadas companhias aéreas, e até mesmo trechos inteiramente aéreos, pois estão preocupados com a mudança climática e com o estado do planeta.

Por esse motivo, muitas companhias aéreas que atuam no Brasil estão se mobilizando em frentes ligadas à sustentabilidade de suas operações. A LATAM implementou medidas a serem cumpridas como parte da sua estratégia de preservação do planeta: ser uma empresa carbono neutro até 2050; não gerar resíduos em aterros até 2027 e proteger ecossistemas da América do Sul.

A Azul, por sua vez, reciclou 100% das embalagens de material plástico de alimentos distribuídos nos voos ao longo de 2020. Por meio da parceria com o Selo Eureciclo, a empresa compensou a quantidade de resíduos descartados – cerca de 103 toneladas – que foram reciclados por cooperativas parceiras em todo o Brasil.

Diante deste cenário, muitos viajantes mudarão seus comportamentos de viagem de alguma forma, de modo a fazer algum tipo de concessão visando a diminuição do impacto ambiental. Eles podem se preocupar com sua pegada de carbono ao ponto que, se não conseguirem compensar, podem até mesmo não viajar.

Uma melhor compreensão da pegada de carbono das viagens aéreas proporcionará um impulso aos serviços ferroviários de alta velocidade, e outras opções relativamente favoráveis ao meio ambiente. Alguns Viajantes Éticos usarão também as redes sociais para organizar viagens em grupo com o objetivo de reduzir seu impacto individual sobre a emissão de carbono.

Provavelmente eles procurarão fazer alterações em baixa escala em seus comportamentos, reduzindo os luxos e o lixo gerado. Muitos farão de alguma motivação ética o objetivo exclusivo de suas viagens, procurando construir ou improvisar algum elemento de voluntariado, desenvolvimento comunitário ou atividade ecossustentável em suas férias.

Podemos ver cultivado de forma mais ampla a intenção de trazer nossos impactos individuais sobre o mundo, sociais e ambientais, o mais próximo possível da neutralidade. As viagens éticas do futuro serão diferentes, em aspectos importantes, se comparadas às viagens do passado.

Na era do aumento da responsabilidade social corporativa, as exigências de maior transparência por parte dos clientes aumentaram. Acesso aos bastidores das grandes empresas; maior pressão pela demonstração de resultados tangíveis das reclamações éticas corporativas; e o desejo do consumidor por algum tipo de recompensa por suas escolhas éticas virão de muitos segmentos da população, e serão particularmente importantes para garantir a felicidade do Viajantes Éticos.

Este último ponto é particularmente importante. Além de um sentimento geral de querer "fazer o bem", estão surgindo formas mais profissionalizadas de doação, e os consumidores podem esperar que sua moralidade seja reconhecida por redes de amizade, futuros empregadores e, é claro, marcas, embora não dependam disso.

Além disso, eles podem não aceitar que escolhas éticas devam vir com sacrifício – em vez disso, esta tribo pode realmente acreditar que elas virão com algum elemento de recompensa.

Os princípios éticos operantes entre esta tribo não são apenas ambientais. Outros podem ser mais poderosos. Eles podem evitar pontos críticos de conflito geopolítico ou países governados por regimes desagradáveis. Eles entenderão que o turismo impulsiona a economia e planejam suas viagens com a atenção de um investidor em relação ao gasto do seu dinheiro ou a partir de uma visão altruísta. Eles podem optar por sair do grande ecossistema de viagens para garantir que os gastos turísticos sejam levados diretamente para as economias locais, ou direcionar seus gastos para mercados emergentes em vez de desenvolvidos.

As simulações de realidade virtual é pouco provável que avancem até 2030 para o estágio de ser algo totalmente persuasivo no contexto turístico e, mesmo que este fosse o caso, não necessariamente atendem ao impulso fundamental de exploração física do ser humano. Entretanto, entre aqueles que procuram usar este recurso por razões éticas, pode representar uma alternativa desejável.

Seu apelo vai além da questão de não voar. Eles podem usá-los para visitar – mesmo que virtualmente – lugares para os quais, por razões políticas, são de alguma forma inacessíveis ou inseguros, ou para explorar áreas de fascínio sem contribuir com seu dinheiro para economias ou regimes que eles considerem censuráveis.

Podem também ser atraídos por experiências históricas que transportem o Viajante Ético a um destino antes que o impacto turístico generalizado ou as mudanças ambientais tornem um determinado o lugar inacessível ou inautêntico. As possibilidades são numerosas nesse cenário.

Em termos de gostos e escolhas, os Viajantes Éticos são adeptos da economia compartilhada e fortemente atraídos para ambientes rurais. Muitos sentirão a responsabilidade de relatar suas experiências para suas redes sociais. As comunidades eco-éticas e político-éticas têm fortes presenças *online*, criando comunidades conectadas em torno de fóruns de nicho sobre esses temas.

Como posicionar uma hospedagem para os Viajantes Éticos:

Estabelecendo diretrizes de ESG

ESG significa *Environmental, Social, and Governance* (Meio Ambiente, Social e Governança). Juntos, eles compõem um conjunto de padrões utilizados pelos líderes de empresas e seus *stakeholders* (por exemplo, investidores, funcionários, clientes e fornecedores) para medir o impacto do empreendimento a longo prazo sobre o meio ambiente e a sociedade.

A indústria da hospitalidade produz um enorme impacto, uma vez que os empreendimentos funcionam normalmente 24 horas por dia, 365 dias por ano. O segmento hoteleiro poderia acelerar significativamente seus princípios de ESG. Se expandirmos nossa perspectiva e reconhecermos o papel maior da indústria de viagens e turismo, torna-se evidente que para tornar-se mais sustentável, devemos considerar em relação aos impactos gerais de uma hospedagem:

- O impacto que o desenvolvimento e o projeto de hotéis têm sobre o meio ambiente;

- O impacto que os hóspedes do hotel terão sobre as comunidades locais;
- A importância de uma viagem responsável;
- O impacto que a operação de um negócio 24/7, 365 dias tem sobre o clima;
- O impacto na vida dos funcionários do hotel (ou seja, condições de trabalho, salários, diversidade, igualdade e inclusão).

Em relação às práticas voltadas ao meio ambiente:

Um bom exemplo é possibilitar, a partir de comunicações internas, que os hóspedes solicitem para que não haja a troca diária de roupas de cama e banho, bem como sejam desligadas as luzes e o ar-condicionado das áreas quando não estejam em uso.

Investimentos em tecnologia e automação também podem contribuir significativamente, ajudando as hospedagens a se tornarem ainda mais sustentáveis. Sensores de presença e movimento nos apartamentos, luzes de LED ou sistemas de gerenciamento e automação dos equipamentos do edifício são saídas tecnológicas em busca de eficiência e redução de impacto.

Também é possível investir em sistemas de reuso de energia, como reaproveitamento de água e captação de água das chuvas, painéis de captação de energia solar, uso de materiais recicláveis, adequada reciclagem e redução do volume de lixo produzido.

Em relação às práticas voltadas ao social:

No aspecto social, a indústria de hospedagem faz parte do setor de serviços e, como tal, tem a responsabilidade de oferecer a melhor experiência possível, não apenas para seus hóspedes, mas também para os seus funcionários. Eles devem ser tratados com o mesmo respeito e dignidade recebidos pelos visitantes.

Reconhecimento, condições de trabalho adequadas e treinamentos para qualificar o time devem sempre estar no foco das atenções para todas as posições e níveis hierárquicos. Nesse sentido, um tema central é diversidade e inclusão. Estabelecer uma cultura corporativa inclusiva na sua hospedagem é essencial.

Em relação às práticas voltadas à Governança:

Este setor diz respeito ao gerenciamento de riscos e o que fazer para se adequar. Seja do ponto de vista de alguma mudança regulatória – como a nova Lei Geral de Proteção de Dados (LGPD) – ou, então, de danos à sua reputação, ou ainda riscos físicos devido às mudanças climáticas, com eventos como tornados, furacões, aumento no nível dos oceanos, inundações ou incêndios.

No que tange à construção de novos hotéis, por exemplo, existem atualmente diversas certificações – como LEED, BREEAM e EDGE – que são conferidas segundo critérios de sustentabilidade. Também é importante ressaltar ainda que a adoção dessas práticas não devem estar voltadas apenas para os novos empreendimentos, mas também na readequação e para a reforma dos já existentes.

6ª TRIBO: VIAJANTES POR OBRIGAÇÃO

As tribos descritas até agora tiveram o que pode ser chamado de objetivos suaves de viagem, tais como: diversão, relaxamento e aquisição de habilidades. Contudo, uma proporção significativa de viagens será realizada por objetivos "difíceis", ou seja, com a finalidade de desempenhar alguma atividade relacionada a trabalho.

Estes objetivos colocam importantes limitações nas escolhas que os Viajantes por Obrigação têm para suas viagens. Eles quase sempre estarão presos a horários e datas predeterminadas de voos e deslocamentos. Na maioria das vezes também terão restrições específicas no orçamento e nos métodos de pagamento.

Por mais que os Viajantes por Obrigação viajem com algum objetivo profissional, eles planejarão ou talvez, mais provavelmente, improvisarão o lazer ao redor deste objetivo central sempre que for possível.

Opções de *check-in express* e outros processos rápidos são extremamente apreciados por essa tribo. Nos aeroportos, o embarque utilizando apenas o aplicativo de celular, "sem papel", já é uma realidade e se consolida cada vez mais como *mainstream*.

A bagagem conectada, como a *BlueSmart Carry-On Bag*, será amplamente disponível e acessível até 2030, e rapidamente adotada pelos Viajantes por Obrigação. Malas inteligentes permitirão aos viajantes pesar sua bagagem sem uma balança, localizá-la quando perdida e receber uma notificação via aplicativo de rastreamento se ela for acidentalmente deixada para trás. Evidentemente, a bagagem ainda continuará sendo perdida pelas transportadoras aéreas, mas soluções simples e elegantes como esta proporcionarão tranquilidade e apresentarão ao consumidor os próximos passos acionáveis quando isto acontecer.

Nos últimos anos, muito em decorrência da pandemia da COVID-19, a popularidade das teleconferências vem aumentando em comunidades empresariais, e isto pode continuar a crescer, impulsionado pelas economias de escala, computação em nuvem, diminuição de custos com deslocamentos e inovações criativas nesta área. Isto irá diminuir significativamente as viagens de negócios.

Contudo, a tecnologia não irá pôr fim às viagens com objetivos de encontros profissionais. Embora as culturas e corporações difiram em suas regras, a etiqueta comercial para muitos tornará essencial a interação face a face com clientes e colegas.

Como posicionar uma hospedagem para os Viajantes por Obrigação:

Otimização de Check-in e Check-out via aplicativo ou WhatsApp

Quem está viajando de férias, a lazer, e sem preocupações, conta com tempo de sobra, ao contrário de quem viaja a trabalho, cuja agenda apertada de compromissos precisa ser seguida à risca.

Por isso, a celeridade do atendimento na recepção é fundamental para otimizar o tempo de quem precisa atender afazeres importantes. Realizar os procedimentos de *check-in* e *check-out* pelo seu próprio *smartphone* sem a necessidade de ir até a recepção é algo extremamente atrativo para os viajantes de negócios.

Outro ponto importante diz respeito à flexibilidade nos horários de entrada e saída da acomodação. Para otimizar melhor o tempo, esse tipo de hóspede costuma chegar cedo à cidade e sair no final da tarde do último dia. Assim, a possibilidade de fazer um *early check-in* e *late check-out* contará pontos a favor da hospedagem.

PROGRAMAS DE FIDELIDADE

Os programas de fidelidade têm como principal objetivo tornar um hóspede comum em um hóspede *habitué*, ou seja, aquele que se hospeda com frequência em uma hospedagem. No entanto, nem o melhor programa do mundo será suficiente para gerar essa transformação se a experiência de hospedagem não for memorável. O hóspede precisa querer voltar fundamentalmente graças a qualidade geral da estadia. O programa de fidelidade surge como um incentivo complementar.

Para os Viajantes por obrigação, esse incentivo faz todo o sentido, pois uma viagem de férias acontece uma ou duas vezes por ano, já as viagens de negócios são bem mais frequentes. Ao administrar a experiência do viajante a negócios e oferecer recompensas a ele, as empresas podem obter vantagens importantes a partir da fidelidade deste público.

Existem diferentes sistemas de programas de fidelização no segmento de hospitalidade, sendo os mais comuns:

Programa de Fidelidade por Pontos

Sempre que realizarem alguma transação financeira dentro do hotel, oriunda de reservas de quartos ou compras de produtos e serviços, os hóspedes ganham pontos. O objetivo para os clientes é acumular um determinado número de pontos para que estejam aptos a resgatar diferentes recompensas. O programa de fidelidade por pontos pode ser usado para incentivar reservas diretas e atrair embaixadores da marca.

Devido à mudança nas necessidades do cliente, muitos programas de pontos começaram a recompensar comportamentos não transacionais, tais como seguir a página da hospedagem em diferentes mídias sociais, baixar o *app* da marca etc. Mesmo que muitos programas de fidelidade em hotéis sejam sistemas baseados em dinheiro, a indústria hoteleira prefere sistemas baseados em reservas ou uma mistura de ambos.

Exemplo: O IHG Rewards Club oferece pontos para cada reserva efetuada e gastos durante a estadia, sejam em lojas ou restaurantes dos hotéis da rede, ou em parceiros. Os pontos podem ser trocados por noites grátis, viagens, produtos e muito mais. A pontuação obtida acumula e pode ser resgatada em um período de até 12 meses.

Programa de Fidelidade por Níveis

O objetivo deste programa é manter os clientes fidelizados por meio do entretenimento, estabelecendo diferentes níveis de recompensas. O uso de técnicas de gamificação, por exemplo, busca aumentar o engajamento dos hóspedes ao atingir o próximo nível, cumprindo os desafios estabelecidos. Paralelamente isso leva também a um aumento da fidelidade à marca.

Dentre as missões e desafios, diferentes ações podem fazer com que o hóspede alcance níveis superiores, baixando o aplicativo do programa; realizando uma reserva pela 1ª, 10ª, 20ª ou 30ª vez em um dos hotéis da rede; fazendo uma reserva em datas festivas; realizando *check-in/out*; almoçando ou jantando no bar da piscina etc.

Exemplo: O programa de recompensas da Wyndham oferece diferentes benefícios para cada nível de membros. Ao se cadastrar no programa, o hóspede entra no nível Azul; após 3 noites reservadas torna-se Ouro; após 9 noites de estadia, Platina; e Diamante após a conclusão de 24 noites nos hotéis da Wyndham.

Os membros Ouro ganham descontos em reservas efetuadas nos canais diretos da rede; escolha de quarto preferencial e *late check-out*. Já os hóspedes do último nível, o Diamante, além desses benefícios, ganham também *upgrades* para acomodações de categoria superior; *early check-ins*; refeições de boas-vindas na chegada e diversos outros mimos.

Programa de Fidelidade Paga

Os programas de fidelidade baseados em taxas estão ganhando cada vez mais popularidade, especialmente entre os *millennials* (pessoas nascidas entre 1981 e 1996). Neste modelo, os clientes aceitam pagar uma taxa de filiação antecipada para obter benefícios.

Com isso, os hóspedes têm a garantia de que conseguirão usufruir deles imediatamente, sem a necessidade de acumular milhares de pontos e despender muito tempo para isso. A grande vantagem deste sistema é que ocorre uma focalização no cliente com alto poder aquisitivo e que enxerga valor nos benefícios oferecidos.

Esta abordagem permite coletar uma grande quantidade de dados valiosos sobre os hóspedes que estão mais propensos a se envolver com a marca. No entanto, dependendo do valor da taxa para se associar, o montante pode impedir a entrada de um cliente de médio poder aquisitivo.

Exemplo: Por US$ 295 ao ano, associando-se ao programa Accor Plus, o hóspede *habitué* embarca em um grande universo de benefícios exclusivos, como: uma noite gratuita por ano em um dos mais de mil hotéis selecionados da rede; 10% de desconto em todas as tarifas do *site*; 50% de desconto em mais de 1.400 restaurantes de hotéis da rede; acesso a experiências culinárias com chefs famosos; etc.

Programa de Fidelidade Cashback

O sistema de *cashback* devolve para a conta bancária ou conta de membro do programa certa porcentagem de cada valor gasto na hospedagem. Embora este programa seja fácil de implementar e evite o estigma dos "descontos", esta abordagem não é ainda a mais utilizada pelos hotéis, pois é mais complicado manter os membros engajados, envolvendo apenas recompensas financeiras.

Por outro lado, o *cashback* tem caído no gosto popular brasileiro e muitas empresas de diferentes segmentos estão começando a utilizar essa estratégia, principalmente do mercado de pagamentos, como Ame Digital e Nubank. No segmento de hospitalidade nacional já temos hotéis utilizando esse modelo de programa.

Exemplo: no Oscar Inn Eco Resort, localizado em Águas de Lindóia, São Paulo, o hóspede afiliado recebe 5% em créditos sobre o valor gasto na reserva. Esse montante fica acumulado em sua conta de membro e pode ser abatido em uma próxima reserva, além de ser permitido também transferi-lo para um amigo ou parente à sua escolha.

Programa de Fidelidade por Aliança

O programa de fidelidade pautado por alianças é operado por mais de uma empresa e conta com fortes parcerias em seu portfólio. O grande benefício para o membro participante deste programa é poder usufruir de recompensas em diferentes empresas, independentemente de onde gastou originalmente o seu dinheiro para gerar o acúmulo de pontos.

Os dados coletados dos clientes são utilizados por todas as empresas envolvidas. Este programa é valioso para obter acesso a uma base de clientes mais ampla, economizar nos custos do programa e ampliar as possibilidades de recompensas. O programa de fidelidade por Aliança concentra-se em melhorar a percepção de valor de uma empresa e não em limitar as recompensas às atividades centrais do negócio.

Exemplo: O programa do Marriott Bonvoy permite ao seu membro resgatar os pontos acumulados dentro do grupo hoteleiro, mas também em locação de carros na Hertz e Sixt; adquirir ingressos para jogos de basquete, shows e outras experiências; ou até mesmo trocar por passagens aéreas em companhias parceiras.

7ª TRIBO: NÔMADES DIGITAIS

Os nômades digitais são pessoas que não vivem limitados a uma localização geográfica fixa e usam a tecnologia para realizar seu trabalho, vivendo um estilo de vida nômade. Os nômades digitais trabalham remotamente, de maneira virtual, em vez de estarem fisicamente presentes na sede ou escritório de uma empresa.

O estilo de vida experienciado pelos nômades digitais tem sido possível através de várias inovações, incluindo software de gerenciamento de conteúdo, acesso barato à internet através de Wi-Fi, *smartphones* e *Voice-over-Internet Protocol* (VoIP) para contatar clientes, empregadores e parceiros de negócios. Além disso, o crescimento de uma economia digital gigante também desempenhou um papel fundamental para o surgimento dessa tribo.

Os nômades digitais desafiam uma única definição, mas inegavelmente atendem a certos critérios: todos eles combinam trabalho remoto e viagens por várias razões e por vários períodos de tempo.

Alguns nômades digitais viajam por anos, circulando regularmente entre países e continentes.

Outros são nômades por períodos mais curtos, tendo viagens de trabalho ou até mesmo períodos sabáticos com alguma carga reduzida de trabalho que pode durar de várias semanas a muitos meses. Alguns viajam pelo mundo, enquanto outros nunca cruzam uma fronteira sequer, optando por viver e trabalhar enquanto exploram um único local ou país. Unidos pela paixão por viagens e novas aventuras, os nômades digitais desfrutam da capacidade de trabalhar em qualquer lugar onde possam se conectar à Internet.

A pandemia da COVID-19 resultou em grandes mudanças na composição dos nômades digitais. A maior mudança é que os trabalhadores dentro do modelo tradicionalmente físico foram liberados de seus escritórios e muitos, em vez de ficarem em um só lugar, estão caindo na estrada. Em 2020, o número de trabalhadores tradicionais que resolveram adotar a cultura nômade e trabalhar como nômades digitais cresceu 96%, de 3,2 milhões para 6,3 milhões, comparado ao ano anterior.

De acordo com dados da plataforma *Nomad List*, existiam 35 milhões de nômades digitais em 2021 e a estimativa é que, até 2035, esse número chegue a 1 bilhão. Com um pouco de planejamento, a tecnologia atual permite essa liberdade a muitas categorias profissionais. Logicamente, essa realidade não se aplica a todas as funções existentes no mercado de trabalho, porém o crescimento deste segmento está incrivelmente acelerado.

Em fevereiro de 2021, o IPEA (Instituto de Pesquisa Econômica Aplicada), vinculado ao Ministério da Economia, revelou que em novembro de 2020, os profissionais brasileiros na modalidade *home office* – mais aptos a aderirem ao nomadismo – eram de 7,3 milhões, ou 9,1% do total de trabalhadores no Brasil.

No século XXI, os nômades digitais usam suas habilidades para trabalhar via laptops, mídias sociais e telefones celulares. Esses viajantes podem passar alguns meses trabalhando em uma comunidade de praia na Costa Rica e depois mais alguns meses em tempo parcial na cidade de Londres ou Roma, por exemplo.

A liberdade de escolher onde viver e trabalhar é parte do benefício de ser um nômade digital. O aumento das reservas de casas, apartamentos e até mesmo *coworkings* de curto prazo disponíveis em todo o mundo através de plataformas digitais, significa que é mais fácil do que nunca reservar uma estadia por alguns dias, semanas ou meses.

Apesar do estilo de vida de um trabalhador nômade parecer atraente, há também algumas desvantagens. Embora o local possa ser majestoso, o trabalho disponível pode nem sempre usar suas habilidades ao máximo ou pagar muito bem. Assim, para manter o estilo de vida de um nômade digital, pode ser preciso trabalhar mais duro por um pagamento menor em comparação com um trabalho de escritório tradicional. O aumento do trabalho remoto e das oportunidades de trabalho tornou mais fácil para os trabalhadores experimentarem um estilo de vida nômade por meio de seus dispositivos móveis enquanto ganham dinheiro, constroem uma carreira e viajam o mundo.

A maior parcela dos nômades digitais são trabalhadores independentes: *freelancers*, empreendedores digitais, produtores de conteúdo, desenvolvedores de sistemas ou profissionais de educação, ou Marketing. Os trabalhadores independentes já tinham substancialmente mais liberdade de deslocamento do que os trabalhadores tradicionais, porém, o impacto da descentralização dos escritórios físicos, provocados pela COVID-19, também projetou este segundo grupo para esse novo estilo de vida e trabalho.

Alguns países ao redor do mundo já perceberam o potencial dessa tribo para a economia do turismo e, a partir disso, vem desenvolvendo uma série de ações e facilidades para atrair esse nicho de viajantes.

O Brasil regulamentou no início de 2022 a entrada de nômades digitais em território nacional, a partir da concessão de um visto temporário especial e uma autorização de residência com prazo inicial de até um ano. Com isso, o Brasil se põe ao lado de países como Alemanha, Austrália, Costa Rica, Noruega e Portugal, entre outros que já criaram esse visto anteriormente.

O Rio de Janeiro, inclusive, criou o programa Rio Nômades Digitais, na tentativa de posicionar a cidade como o primeiro destino referência para nômades digitais na América do Sul. A Riotur, órgão responsável pelas políticas de turismo da cidade, concede um certificado aos hotéis, hostels e espaços de *coworking* parceiros da iniciativa no destino. Esses espaços garantem tarifas especiais a nômades digitais que aderirem a pacotes de longa permanência.

Ouça o Open House com o nômade digital Matheus de Souza

Como posicionar uma hospedagem para os Nômades Digitais:

Espaço de trabalho adequado com Wi-Fi de alta velocidade é obrigatório

Os nômades digitais precisarão trabalhar de onde quer que estejam, o que significa que provavelmente estarão usando a sua acomodação para uma combinação de trabalho e lazer simultâneos. Com isso, as hospedagens que desejarem atrair essa tribo precisarão investir ou adequar seus espaços a fim de atender as demandas específicas desses hóspedes.

Algumas ações que podem trazer diferenciação para a hospedagem:

- Ambientes público e privados adequados para trabalhar ou relaxar;
- Superfícies de trabalho individuais e/ ou compartilhadas;
- Assentos ergonômicos e de diferentes tipos, como cadeiras, puffs e sofás;
- Acesso a tomadas para carregar telefones, *tablets*, *laptops* e outros dispositivos;
- Adaptadores universais de tomada;
- Ampla iluminação natural para aliviar a tensão das luzes artificiais nos olhos;
- Internet de alta velocidade sem limite de dados.

Pacotes e tarifas especiais para estadias de longa duração

Os resultados de 2021 divulgados pelo Airbnb corroboram com essa grande mudança no comportamento de hospedagem dos viajantes, principalmente em relação ao tempo que eles permanecem no destino que, por sua vez, aumentou consideravelmente em relação aos anos anteriores.

Segundo o *site* de aluguel por temporada, uma em cada cinco reservas feitas no aplicativo durante o terceiro trimestre de 2021 foram para estadias de pelo menos 28 noites. Metade dessas reservas foi feita para um período de ao menos uma semana. Nos doze meses entre setembro de 2020 e setembro de 2021, mais de 100.000 hóspedes fizeram reservas de noventa dias ou mais.

Esses dados ajudam a perceber que, para atrair os nômades digitais, a sua hospedagem precisará criar condições tarifárias especiais para estadias de longa duração, uma vez que esses não serão hóspedes de apenas algumas noites.

As hospedagens por temporada, devido à sua formatação mais individualizada, apresentam-se naturalmente como excelentes opções de longa permanência. Entretanto, existem marcas hoteleiras com ações incríveis para esse público.

O Selina, rede fundada no Panamá em 2014 e presente em mais de 7 países, possui um pacote específico de hospedagem para os nômades digitais: o programa Selina CoLive. A partir de US$ 450/ mensais, o hóspede tem acesso a trinta noites de estadia, podendo mudar de hospedagem (e destino) até três vezes ao mês.

Além disso, os participantes deste programa ganham uma série de benefícios nos hotéis da rede, como: aulas de bem-estar (yoga e meditação); espaço de *coworking* com *Hot desk* gratuito, Wi-Fi e um lugar para se manter produtivo; taxas exclusivas, economizando 10% em cafés e restaurantes da rede, além de passeios nas cidades; acesso a uma comunidade *online*: a rede global de CoLivers do Selina; e toda a gama de instalações dos empreendimentos, como cozinha comunitária, piscina, biblioteca e sala de cinema.

Ouça o Open House com Mike Perez gerente geral do hotel Selina Copacabana

CAPÍTULO 3

O NOVO COMPORTAMENTO DE CONSUMO EM VIAGENS

Com as mudanças do mercado de turismo e hospitalidade a todo vapor, inevitavelmente o comportamento de compra dos viajantes e futuros hóspedes também vai se transformando paulatinamente.

Entretanto, dentro desse contexto há apenas uma certeza: definitivamente a era digital mudou de mãos o poder decisório de compra. Há algumas décadas, aqueles que despertavam para a necessidade de viajar não possuíam fontes abundantes de pesquisa para o planejamento de suas viagens.

Tampouco essas fontes eram absolutamente confiáveis, uma vez que quase a totalidade das informações sobre a qualidade dos fornecedores presentes em um destino turístico – como as hospedagens, por exemplo – estavam concentradas dentro das grandes agências e operadoras, por meio de seus agentes de viagens, e dos grandes grupos de mídia, com os seus guias turísticos recheados de páginas.

Se você nasceu antes da década de 80, muito possivelmente viajou de carro pelo Brasil guiado pelo imenso mapa embutido nos históricos Guias Quatro Rodas. Já se a aventura foi em destinos internacionais, talvez os guias da Lonely Planet tenham sido a sua grande fonte de informação e influenciado preponderantemente sobre o que fazer, onde ficar, aonde ir e o que comer na cidade.

Hoje o poder está nas mãos dos viajantes. Não apenas no sentido figurado, mas literalmente presente na palma da mão: os *smartphones* tornaram-se as ferramentas fundamentais de acesso à informação para o planejamento de viagens na era digital. Esses dispositivos permitem que as pessoas tenham acesso instantâneo a uma grande diversidade de destinos que possivelmente não estavam em seus radares de consideração até então.

E não para por aí: compra de passagens aéreas; seguro viagem; locação de carro; reservas em restaurantes e hospedagens; e contratação de passeios. Tudo a alguns cliques de distância, sem precisar ligar ou depender de intermediações.

Evidentemente, por mais que o acesso à informação esteja sendo cada vez mais facilitado pela internet, existem perfis de viajantes de vários tipos: desde os que gostam de planejar tudo de maneira independente investindo um bom tempo em cada etapa da jornada, até aqueles que preferem contratar os serviços de uma agência ou profissional especializado para auxiliar no planejamento da viagem.

Como gestores de hospedagens dispostos a criar desde o primeiro momento a melhor experiência para os hóspedes, é essencial que identifiquemos seus perfis e conheçamos a fundo como chegam até as nossas hospedagens, como reservam, como interagem e como a recomendam. Dominar esse ciclo é como obter uma das chaves que desbloqueiam o universo das hospedagens memoráveis.

Chamaremos esse percurso de a jornada de compra do hóspede.

A JORNADA DE COMPRA DO HÓSPEDE

Toda pessoa que deseja realizar uma compra percorre sempre um mesmo caminho. Não há diferença se a necessidade é viajar para visitar a família; trocar de geladeira ou comprar uma planta para decorar a casa. A jornada de compra seguirá sempre as mesmas etapas predefinidas.

Por outro lado, não há como negar que planejar um mochilão de 6 meses pela Europa, tendo que escolher dezenas de hospedagens diferentes, será uma tarefa muito mais complicada do que selecionar a cor da tinta que cobrirá a parede da sala da casa nova. E o grande ponto crucial de compreensão é justamente este: a jornada de compra é sempre a mesma; o que muda é a complexidade experienciada em cada etapa de acordo com a necessidade do consumidor e o seu objeto de desejo.

Eu sei que como gestor de hospedagem, você deseja elevadas taxas mensais de ocupação; hóspedes maravilhados com a experiência vivenciada e avaliações fora de série. Mas, para que isso se torne uma rotina, é imprescindível conduzir o hóspede por esse caminho de maneira totalmente planejada.

Para isso, vamos conhecer os principais fundamentos e aplicações de cada uma das 5 etapas da jornada de compra do hóspede: despertar, planejar, reservar, vivenciar e avaliar.

PRIMEIRA ETAPA DA JORNADA DE COMPRA: DESPERTAR

O despertar é o começo de tudo. Neste início da jornada, a pessoa tem um *click* que insere o ato de viajar em sua mente como uma oportunidade a ser considerada. Esse *click* é fruto de algum motivo que a faz despertar e refletir sobre essa possibilidade. A partir deste ponto, ela se torna um potencial futuro viajante.

Neste momento, a viagem passa a ambientar o campo das suas considerações de compra juntamente com outros objetos de desejo. Dependendo da motivação que levou ao despertar, a viagem pode tornar-se uma prioridade de consumo ou não. Os fatores motivacionais são justamente os elementos centrais deste *start*.

O despertar de uma viagem pode estar diretamente ligado a três macro causas: desejo, necessidade ou obrigação.

Desejo: uma macro causa aspiracional

Esta primeira razão está fortemente atrelada aos estímulos de comunicação, mídia e propaganda emitidos diariamente por marcas de produtos e serviços turísticos em diferentes canais. Os órgãos públicos de turismo dos destinos já utilizam – ou se beneficiam – dessa estratégia há algumas décadas, focando na produção cinematográfica, bem como em séries e filmes para a televisão. Muitas produções são encomendadas pelas próprias cidades, enquanto outras são abraçadas como grandes gatilhos de oportunidade para estimular o turismo na região.

Em 2003, por exemplo, a Comissão de Turismo Australiana (ATC) lançou diversas campanhas de promoção na China e nos Estados Unidos para melhorar o turismo na Austrália. Toda a estratégia foi baseada no filme "Procurando Nemo" e impulsionada pelos seus recordes de bilheteria e grande repercussão mundial.

O endereço "P. Sherman, 42 – Wallaby Way, Sydney", encontrada nos óculos de mergulho, era exaustivamente repetida pela personagem Dory. A animação teve Sidney e a sua extensa barreira de corais como cenário principal. Ao longo da produção, também foram exibidas as lindas paisagens da cidade e seus pontos turísticos, como a icônica Sydney Opera House.

No Brasil, o Jalapão, destino no Tocantins com fervedouros, dunas de areia e cachoeiras idílicas, viu o turismo aumentar exponencialmente em 2018 após a estreia da novela da Globo, "O Outro Lado do Paraíso", no final do ano anterior. Segundo dados do governo do Tocantins, o Parque Estadual do Jalapão recebeu apenas 8.726 turistas em 2014; 14.493 em 2016 e, em 2018, obteve um salto impressionante: 34.562 viajantes visitaram o atrativo. Um aumento de 140% impulsionado pela exposição no horário nobre da maior emissora de televisão do país.

No universo das hospedagens, o despertar pelo desejo também está muito atrelado ao impacto das mídias no cotidiano humano. Contudo, a maior influência ocorre nos canais digitais de comunicação e conteúdo.

É o caso do famoso Essenza Hotel e suas piscinas privativas com paredes de vidro na varanda. Essa acomodação está localizada na belíssima Jericoacoara-CE e tornou-se quase tão desejada quanto à cidade, graças ao conteúdo produzido pelo empreendimento e também pelos seus próprios hóspedes nas mídias sociais.

No sul do país, a Morada dos Canyons, é outra hospedagem que desperta desejo em muitos usuários nos canais digitais. Cercada pela paisagem grandiosa dos parques nacionais, este hotel de montanha em Praia Grande, Santa Catarina, tem chalés equipados com banheiras e vistas deslumbrantes. E são justamente as dezenas de milhares de fotos e vídeos compartilhados pelos hóspedes durante suas estadias que geram mensalmente um enorme alcance em visualizações para o hotel dentro do universo digital.

Uma pesquisa realizada em janeiro de 2022 pelo *site* britânico de finanças Money.uk revelou que o Burj Al Arab Jumeirah, localizado em Dubai, é o hotel no mundo com mais fotos produzidas pelos usuários do Instagram, seja dentro do empreendimento ou utilizando a sua fachada como pano de fundo. Ao todo, a hospedagem coleciona mais de 2.5 milhões de fotos registradas com a #burjalarab.

Ainda na mesma pesquisa, o segundo colocado é o Soneva Jani. Talvez você não o tenha reconhecido pelo nome, mas é provável que já tenha visto imagens dos seus 24 bangalôs isolados sobre as águas azul turquesa do oceano Índico. Este é um dos resorts mais desejados das Maldivas e um dos mais reconhecíveis do mundo. Somente no Instagram, as *hashtags* compartilhadas por usuários da marca somam mais de 415 mil imagens e vídeos do local.

As hospedagens que se estabelecem na macro causa de desejo acabam se tornando o próprio destino em si. O marketing, por sua vez, fundamentalmente focado nas estratégias digitais, desempenha um papel essencial na comunicação de uma acomodação que busque se posicionar como uma hospedagem-destino.

Ao estimular que os hóspedes compartilhem registros durante suas jornadas, estarão paralelamente influenciando outros futuros potenciais viajantes que estejam começando a sua jornada de compra. O despertar de desejo do seu futuro hóspede pode ser gerado por outro que esteja vivenciando uma estadia na sua hospedagem neste exato momento.

Como gestor, você deve identificar se o seu empreendimento possui o perfil de uma hospedagem aspiracional para se enquadrar dentro desta macro causa ou se as duas próximas refletem oportunidades mais assertivas de posicionamento.

Necessidade: uma macro causa que vem de dentro

A segunda grande razão que leva alguém a viajar está diretamente ligada a fatores condicionados à alguma necessidade. Parando para pensar racionalmente: o que faz alguém entrar em um carro, trem, ônibus, avião ou navio e rumar para milhares de quilômetros de distância da segurança de sua casa, muitas vezes para lugares com hábitos culturais, clima e idiomas extremamente diferentes do seu?

Dentre as três, esta é a macro causa mais complexa, pois até mesmo o indivíduo que coloca a viagem como uma prioridade, muitas vezes não tem a perfeita clareza sobre o que está lhe movendo. Ele simplesmente quer viajar ou sente que necessita.

O fato é que, consciente ou inconscientemente, toda viagem possui um ou mais fatores motivacionais relevantes que justificam o deslocamento humano do seu lugar de origem ao seu destino final. Essas motivações podem ser categorizadas em necessidades emocionais (afetivas e sociais); físicas (salutares e de bem estar); e mentais (intelectuais e autorrealização).

As necessidades emocionais

As necessidades emocionais contemplam as motivações "do coração", ou seja, razões profundas que movem alguém e estão conectadas com a capacidade do ser humano de construir e manter relacionamentos, bem como fazer parte de um determinado grupo social com características em comum.

Alguns exemplos: viajar para visitar amigos e parentes; comemorar seu próprio aniversário ou o de outra pessoa; casar ou participar como convidado de alguma cerimônia matrimonial; celebrar a lua de mel ou renovar os votos de casamento; participar de uma despedida de solteiro(a); realizar trabalho voluntário ou prover ajuda humanitária; assistir a um show que não acontecerá em sua própria cidade; participar como espectador de algum evento esportivo, gastronômico ou cultural; participar de outros eventos não relacionados a trabalho; celebrar natais, réveillons e outras datas sociais festivas; e praticar sua fé e religiosidade em grupo.

As necessidades físicas

As necessidades físicas estão relacionadas à demanda por manter o corpo são. Diversos fatores atrelados ao corpo estão por trás desta macro causa. Em linhas gerais, os viajantes com necessidades físicas deslocam-se por três grandes campos: atingimento de objetivos estéticos; elevação do bem estar; ou cura de enfermidades que estejam prejudicando a capacidade de viver em plenitude e cujo tratamento não esteja disponível em sua cidade de origem

Campo da Estética

Alguns exemplos desta macro causa no campo da estética podem ser vistos nos seguintes casos: cirurgias plásticas; procedimentos estéticos gerais em clínicas especializadas; implantes odontológicos com finalidade estética e implantes capilares.

Enxergar-se com a aparência física idealizada é de fato um importante fator motivacional para os seres humanos. E os dados comprovam: estima-se que, somente em 2016, 65.000 estrangeiros tenham viajado para Istambul, na Turquia, a fim de acabar com a calvície por meio da realização de um implante capilar. A cidade é considerada a referência mundial neste tipo de intervenção estética.

O Brasil, em menor escala, também está no mapa dos destinos para viajantes com motivações estéticas. Anualmente, o país recebe um considerável fluxo de turistas internacionais que aterrissam em solo brasileiro para se submeterem a cirurgias plásticas, uma vez que as realizadas no Brasil são elencadas como uma das melhores do mundo.

Campo do bem-estar

No campo do bem-estar, o despertar vem ocorrendo com cada vez mais frequência e intensidade na sociedade ao redor do mundo. Segundo o Global Wellness Institute, turismo de bem-estar são as viagens associadas à ideia de manutenção ou conquista do bem-estar pessoal, criando oportunidades para melhorar a saúde física e mental de maneira conjunta.

O turismo de bem-estar vai muito além dos negócios tradicionais como estúdios de massagem, spas ou retiros. Hoje está consideravelmente voltado também à alimentação saudável, rotinas de exercícios físicos, experiências na natureza ou mesmo conexões entre pessoas.

As viagens de bem-estar estão cada vez mais relacionadas à ideia de sustentabilidade no sentido amplo, buscando os seguintes elementos: história local, aspectos culturais, práticas antigas de cura e cura pela natureza, detox digital, argilas especiais, águas minerais, ingredientes locais e tradições culinárias.

Dentro desta motivação estão incluídas as viagens para tratamentos com finalidade de emagrecimento envolvendo dietas especiais e controle alimentar; participação como atleta – não profissional – em eventos esportivos como, por exemplo, corridas de rua e provas de nado em mar aberto; conexão com a natureza e desconexão com tecnologia; fuga de clima com altas ou baixas temperaturas dependendo do local de origem; relaxamento e descanso.

O nicho de bem-estar representa uma gigantesca oportunidade para o universo das hospedagens no Brasil. No país já temos alguns empreendimentos que merecem destaque dentro deste cenário, tanto pela experiência que proporcionam aos seus hóspedes, quanto pela transformação física e emocional que geram durante a estadia. Alguns exemplos:

Lapinha - Lapa, Paraná

Reconhecido como um dos 6 melhores spas do mundo, pelo prêmio World Spa & Wellness, na categoria Best Worldwide Health & Wellness Destinations. o Lapinha, no Paraná, está inserido em uma área de 550 hectares, com fazenda orgânica, mata nativa preservada e uma completa estrutura hoteleira.

São 9 opções de programas que envolvem plano alimentar, recondicionamento físico e controle do estresse, oferecidos de maneira personalizada para atender as necessidades de cada hóspede após uma avaliação minuciosa feita por profissionais da saúde. Tabagistas, pacientes oncológicos e hóspedes da terceira idade também encontram programas direcionados às suas necessidades.

As possibilidades de tratamentos vão desde o método europeu Mayr Prevent de desintoxicação profunda, a passeios pela reserva ecológica e tratamentos na água, como a Terapia Watsu, que acontece em uma piscina aquecida possibilitando um profundo estado de relaxamento.

Kurotel - Gramado, Rio Grande do Sul

No Rio Grande do Sul, cercado pela natureza da Serra Gaúcha, está o Kurotel, um centro contemporâneo de saúde e bem estar, como a própria marca gosta de se posicionar.

Pioneiro em cuidar da saúde, o Kurotel permite uma experiência única, unindo medicina preditiva, atividades físicas, alimentação gourmet saudável e terapias relaxantes e estéticas. Além disso, uma equipe interdisciplinar, com cerca de 150 funcionários, garante que os hóspedes alcancem a vitalidade do corpo e da mente de forma completa.

O método Kur, que engloba nutrição, terapias naturais, exercícios físicos, equilíbrio interior, estimulação cognitiva e dermoestética, é aplicado de maneira personalizada para cada hóspede, que passa por uma avaliação da equipe médica para definir qual plano será seguido durante a hospedagem.

Um dos pontos altos de destaque do Kurotel é a sua gastronomia saudável. De acordo com o hotel, o menu é elaborado por uma equipe de nutricionistas com a consultoria do chef francês – e *relais gourmand* – Jean Paul Bondoux. Planejada nos mínimos detalhes, a alimentação é preparada para que o hóspede sinta o máximo prazer nas refeições, com a certeza de estar dando ao seu corpo toda a saúde que ele merece.

As ervas frescas são uma das marcas registradas da culinária do Kurotel. No restaurante, um carrinho de temperos naturais circula entre as mesas incentivando os clientes a explorarem os sentidos. Destaque para itens como orégano, salsinha, cebolinha, pimentas variadas, mostarda e curry, entre outras especiarias.

Six Senses Botanique Spa – Campos do Jordão, São Paulo

Primeiro hotel da fascinante rede Six Senses no Brasil, o Botanique foi construído com materiais nativos, como o jacarandá e a ardósia em tom chocolate, situando-se na confluência de três vales fluviais no coração da Serra da Mantiqueira. A proposta de valor do empreendimento para os hóspedes é provocar a desconexão da vida atribulada, sem abrir mão do luxo e da boa gastronomia.

O edifício principal oferece sete acomodações privilegiadas com vista para o vale ou para as montanhas. Há também 13 villas individuais estrategicamente espalhadas ao redor das montanhas exuberantes para que o hóspede tenha privacidade, mas com todo o conforto.

A Six Senses é uma marca de hospitalidade originária da Tailândia, país famoso por seus tradicionais tratamentos de bem-estar e métodos de massagem. Buscando aproximar o hotel da cultura local, o spa do Botanique ganhou serviços adaptados ao Brasil, como o The Alchemist 's Body Treatment, em que o hóspede cria cosméticos com ingredientes locais e, depois, os usa em massagens corporais.

Campo de tratamentos e/ou prevenção de enfermidades

Por fim, no último campo das necessidades físicas, estão os tratamentos de enfermidades. Nesta área está contemplado o pujante segmento do turismo de saúde. As motivações de bem-estar, de certo modo, também estão enquadradas no âmbito da saúde. Porém, aqui as necessidades estão baseadas especificamente no quesito médico-hospitalar.

Alguns exemplos: Intervenções cirúrgicas diversas com finalidade não estética, tais como: cirurgias cardiológicas, oftalmológicas, bariátricas; Tratamentos de oncologia, cardiologia e de reprodução assistida; *Check-ups* e exames variados.

As necessidades Mentais

O despertar mental para o ato de viajar diz respeito às necessidades no âmbito da autorrealização e das capacidades intelectuais do indivíduo. Quando atingimos um determinado grau de consciência sobre algo que nos falta aprender ou precisamos quebrar determinada barreira para evoluir na trajetória da vida, muitas vezes percebemos que é necessário romper esse desafio longe de nossas origens.

Viajar para aprimorar os conhecimentos em um idioma ou aprender uma habilidade técnica específica são exemplos de necessidades intelectuais enfrentadas ao longo da vida. Fazer um curso na sua área de estudo no exterior ou até mesmo uma pós-graduação são fatores motivacionais que movem milhares de pessoas todos os anos.

Um país que vem se beneficiando com esse despertar intelectual é Portugal. Segundo dados da Direção-Geral de Estatísticas da Educação e Ciência (DGEEC) do país lusitano, ao fazer uma radiografia do ensino superior de português, os resultados chamam a atenção: em cada um dos cinco anos letivos no período de 2015 a 2020, estudantes estrangeiros corresponderam a 15% do total de inscrições para licenciaturas, mestrados, doutorados e cursos técnicos no país.

Os brasileiros estão no topo do ranking dos alunos internacionais na terrinha. Em 2019, 2.838 alunos oriundos do Brasil se matricularam pela primeira vez em um curso superior em Portugal por meio do regime de estudante internacional. Esse número representa um crescimento de 77% em relação a 2017, quando foram 1.605 brasileiros matriculados no país europeu.

Agências e hospedagens que trabalhem com o público que aspira realizar intercâmbios culturais ou viagens de estudos, possuem a expertise necessária para atender as dores do despertar intelectual de seus clientes.

Em contrapartida, dentro das necessidades mentais, temos outra vertente além da intelectual: a autorrealização.

Autorrealizar-se significa conseguir desenvolver todas as suas próprias potencialidades. O termo foi empregado pelo psicólogo Abraham Maslow, e está voltado à vontade interior de estar sempre buscando evoluir e se desenvolver. Ela está diretamente ligada ao autoconhecimento e à autoconfiança.

Quando conseguimos compreender quem somos e como estamos alinhados com o nosso propósito ou com aquilo que desvela o nosso melhor em todos os aspectos, podemos dizer que atingimos um real nível de autorrealização.

Essa busca vem sendo intensificada por muitas pessoas na última década em decorrência da alta sobrecarga emocional imposta pelos tempos modernos. Novas doenças e síndromes se desencadearam na população como, por exemplo, a síndrome de *Burnout*. Também conhecida como síndrome do esgotamento profissional, é uma doença mental que surge após o indivíduo passar por situações de trabalho desgastantes, ou seja, que requerem muita responsabilidade ou até mesmo excesso de competitividade.

Em virtude desse novo cenário de esgotamento e infelicidade, muitas pessoas têm recorrido às viagens como um período de pausa e um caminho para a autorrealização. Essa dinâmica é conhecida como período sabático. Alguns chegam a passar um ano ou mais viajando em busca de reequilíbrio, novos aprendizados e autoconhecimento.

Ainda dentro desta macro causa, o despertar mental de autorrealização não está necessariamente relacionado à questões profissionais. A busca do indivíduo pode estar relacionada a se auto desafiar. Muitas pessoas viajam em busca de momentos de grande superação como, por exemplo, escalar o monte Everest ou correr uma ultramaratona.

Cabe às hospedagens que possuam o perfil adequado para receber hóspedes com necessidades de autorrealização, se posicionarem como uma opção atrativa e que compreendem e os auxiliam nos desafios vivenciados por aquele viajante em seu momento de vida atual.

Obrigação: uma macro causa para quando viajar não for uma escolha

A terceira e última macro causa, engloba os viajantes que não tiveram escolha. Aqui, o ato de viajar não se apresenta para o indivíduo como uma possibilidade opcionalmente recusável. Embora também se enquadrem em um momento de despertar, este momento foi imposto por alguma causalidade.

Estamos falando das viagens por obrigação, ou seja, aquelas com motivações cuja escolha ou vontade do viajante não prevalece sobre a obrigatoriedade do deslocamento. Os casos mais comuns de viagens por obrigação são aquelas realizadas com finalidades profissionais.

Popularmente conhecidas também como viagens a trabalho, são feitas inúmeras vezes ao ano por executivos dos mais variados setores do mercado.

SEGUNDA ETAPA DA JORNADA DE COMPRA: PLANEJAR

Após atravessar a primeira etapa da jornada de consumo, o futuro viajante já despertou para a possibilidade de conhecer um novo destino, independentemente de qual seja o seu fator motivacional atual – desejo, necessidade ou obrigação. A partir deste momento inicia-se então a segunda etapa do processo: o planejamento da viagem. Uma das etapas com maior grau de complexidade de toda a jornada.

Segundo recente pesquisa realizada pela Ipsos MediaCT, encomendada pelo setor de Turismo e viagens do Google, a maioria dos viajantes recorre à *web* no início do processo de planejamento de suas viagens. Para ser mais preciso, 65% dos viajantes a lazer e 69% dos viajantes a negócios pesquisam *online* antes de decidir para onde ou como querem viajar.

Ainda segundo dados da pesquisa: amigos, família e fontes *online* são primordiais para inspiração sobre lugares para conhecer e o que fazer durante as viagens. 61% dos respondentes revelaram utilizar ferramentas de busca como o Google; 42% recorrem ao YouTube como fonte de informação; enquanto 43% também utilizam *sites* e aplicativos de avaliações de viagens.

Como gestor, é essencial que você compreenda que esse é um momento crucial para que a sua marca de hospedagem apareça para o futuro viajante. Ao impactá-lo com informações valiosas, auxiliando-o no planejamento de sua viagem, automaticamente a sua hospedagem passará a habitar o seu campo de descobertas, podendo acessar também o seu campo de consideração de reserva.

Antes de tudo, para que isso ocorra da maneira esperada, precisamos fazer com que a sua marca de hospedagem seja facilmente encontrada no ambiente digital pelo viajante em potencial.

O princípio da encontrabilidade no ambiente digital

Guarde este conceito sobre a dinâmica do planejamento de viagens *online*: se o usuário não for capaz de encontrar a sua hospedagem na internet, ele jamais terá a oportunidade de se hospedar com você. Na era digital e da experiência, qualquer empresa de turismo – independentemente do segmento – que queira ser memorável, precisa primeiramente ter a capacidade de ser encontrável.

Aqueles que pensam estar em grande evidência por terem listado as suas hospedagens nas principais plataformas de reserva como booking.com e Airbnb, podem estar caindo em uma grande armadilha. Afinal, essa é exatamente a mesma estratégia que será executada pelas outras dezenas – ou talvez centenas – de acomodações localizadas na mesma cidade. Dependendo do tamanho do destino turístico, não é difícil que haja milhares de concorrentes aplicando essa mesma estratégia.

Por isso, a chave para entrar no seleto *hall* de opções de hospedagem a serem consideradas pelas pessoas, é impactá-las logo nos primeiros momentos do planejamento da viagem. Quanto mais cedo a sua marca aparecer para ele, durante as buscas, e com a maior qualidade e frequência possível, maiores serão as chances de transformar esse usuário em um futuro hóspede da sua acomodação.

Para alcançar esse objetivo é recomendável investir em anúncios pagos do Google (Google Ads) e mídias sociais (Facebook e Instagram Ads), bem como utilizar também estratégias digitais que combinem marketing de conteúdo e campanhas com influenciadores.

Vejamos a seguir como aplicar estas duas últimas estratégias.

MARKETING DE CONTEÚDO PARA HOSPEDAGENS

O marketing de conteúdo é um tipo de estratégia de marketing que envolve a criação e distribuição de conteúdo valioso, relevante e envolvente, a fim de atrair um público-alvo e incentivá-lo a interagir com a sua marca de hospedagem, resultando na efetivação da reserva.

Esse braço do marketing não promove explicitamente a marca, mas, ao contrário, estimula o interesse do viajante em potencial por uma hospedagem. A ideia é que quanto mais valor você oferecer aos consumidores na forma de informações e conhecimento especializado, mais você os atrairá inconscientemente para realizar a escolha pela sua acomodação.

O *Havas Group*, consultoria francesa de comunicação e uma das mais respeitadas no mercado, lançou em 2018 o relatório *Meaningful Brands* (marcas com significado), entrevistando 350.000 pessoas ao redor do mundo para coletar suas percepções e desejos em relação ao comportamento das marcas. De acordo com as respostas obtidas, 84% das pessoas esperam que as marcas produzam conteúdo que entretenha, conte histórias, forneça soluções e crie experiências e eventos.

É justamente nisso que o marketing de conteúdo para hospitalidade se baseia: criar conteúdos sobre o destino que ajude, informe, eduque e entretenha o usuário que esteja navegando na internet durante a etapa de planejamento de sua viagem.

Fundamental atentar também para o fato de que essa estratégia de marketing não é definida pela forma de entrega (por exemplo, blogs ou e-mail), mas sim pela maneira como se integra com as experiências *online* de seus clientes. Ao invés de bombardear as pessoas com algo que elas não querem, como um anúncio *pop-up* irritante, a marca fornece algo que elas estão procurando, como um artigo em um blog ou um vídeo que possua a narrativa em relação a um tópico específico sobre o destino.

Seja um e-mail, blog, guia em PDF, *podcast* ou vídeo, o marketing de conteúdo visa tornar a vida do viajante melhor e mais fácil, tendendo a funcionar muito bem para as hospedagens e demais empresas de hospitalidade quando bem aplicado. De acordo com o *Content Marketing Institute*, depois de ler blogs contendo sugestões de produtos, 61% dos consumidores nos EUA fizeram uma compra.

Fale mais sobre o destino e menos sobre a hospedagem

Exercitar uma estratégia de marketing de conteúdo é, antes de tudo, exercitar a empatia pelas pessoas. À primeira vista, pode parecer estranho falar mais sobre o destino no qual a hospedagem está inserida do que sobre o quão incrível são os quartos, a piscina ou o seu café da manhã. Contudo, a razão para isso é muito simples: a marca de hospedagem não deve produzir conteúdo pensando em si própria, mas sim, nos viajantes.

Precisamos ter ciência que, nesta etapa da jornada de compra, o viajante ainda não está ativamente buscando as empresas que irão fornecer os serviços necessários ao longo de sua viagem. Boa parte do seu tempo ainda está voltado na obtenção de informações que o ajudem a decidir primeiramente se, aquele destino que ele pré-elegeu, realmente é o ideal para a sua viagem naquele momento.

Caso o destino escolhido se confirme de fato nas suas intenções, o viajante irá buscar uma série de informações sobre a sua escolha, visando aproveitar ao máximo o destino eleito durante o tempo em que nele estiver. E é precisamente neste instante que uma marca de hospedagem com estratégias assertivas de marketing digital pode se beneficiar.

Imaginemos que determinado viajante tenha escolhido a pequena e paradisíaca cidade de Bonito, localizada no Mato Grosso do Sul, para passar as suas próximas férias. A viagem começa a se tornar um sonho próximo e habitar o seu imaginário com maior frequência. As buscas na internet sobre o destino, bem como o compartilhamento das descobertas com aqueles que o acompanharão na viagem, também começam a fazer parte da sua rotina.

Para compreender como a hospedagem pode ser relevante no fornecimento de conteúdo neste momento, precisamos levar em consideração alguns aspectos: o que o usuário busca; onde ele busca e quais os formatos de conteúdo mais consumidos.

Onde, o que e como o viajante busca e consome conteúdo durante o planejamento

Como visto anteriormente, o Google é a fonte primária de buscas na internet quando o assunto é viagens. Entretanto, essa não é a informação mais valiosa. O que fará a diferença para a sua hospedagem neste contexto, será compreender o que o usuário busca durante o processo. E estamos falando no sentido realmente literal: ao sentar em frente o computador ou empunhar o seu *smartphone*, o que ele digitaria no buscador a fim de encontrar os resultados que supram a sua necessidade de informação.

Esses termos escritos na barra de buscas do Google são conhecidos no ambiente digital como "palavras-chaves". Embora o nome do conceito tenda a dar a impressão de que seja uma palavra única, na verdade, qualquer termo que ele digite, curto ou longo, enquadra-se no conceito de palavra-chave.

É evidente que cada indivíduo possui as suas particularidades no que diz respeito ao comportamento de busca. Entretanto, existem similaridades gigantescas entre boa parte dos usuários durante esta dinâmica. Quando falamos deste comportamento associado ao mercado de viagens, as buscas tendem a ser realizadas no Google conectando o destino aos seguintes termos: o que; qual; onde; como; e quando.

Retomando a jornada do futuro viajante para Bonito-MS, alguns exemplos que ele poderia digitar durante uma busca em cada uma das seções acima:

- **O que:** o que fazer em Bonito; o que fazer em Bonito à noite; o que conhecer em Bonito; o que ver em Bonito; o que levar para Bonito;
- **Qual:** Bonito qual aeroporto; qual a melhor época para ir para Bonito; quais os passeios de Bonito;
- **Onde:** onde fica Bonito; onde comer em Bonito; onde se hospedar em Bonito; onde ficar em Bonito; Bonito aonde ir;
- **Como:** como chegar a Bonito; como ir para Bonito;
- **Quando:** quando ir para Bonito; quando conhecer Bonito.

Ao digitar cada uma dessas palavras-chaves no Google, o usuário será levado para a primeira página da plataforma de pesquisa com os dez resultados mais bem ranqueados de acordo com os critérios do Google. É imprescindível que a sua hospedagem apareça como uma das opções de clique nesta seção.

Segundo dados do próprio Google, 75% das pessoas nem sequer passam da primeira página de resultados. Além disso, o primeiro resultado também apresenta números impressionantes: sua taxa de cliques é de aproximadamente 25%. Isso quer dizer que, a cada 1.000 usuários que aterrissam na página inicial de resultados, 250 clicam no primeiro *website* exibido.

Imagine se houver 10.000 buscas mensais para determinada palavra-chave relacionada a um destino, e a sua hospedagem aparecer com um conteúdo ranqueado na primeira posição: isso representa um número potencial de 2.500 pessoas clicando, acessando e se conectando com a sua marca antes mesmo de entrar em uma plataforma de reserva. Sem dúvida alguma, essa é uma chance fantástica de aumentar a sua taxa de reserva e ainda encantando o seu hóspede desde o primeiro contato.

Para aproveitar essa grande oportunidade, a metodologia das hospedagens memoráveis recomenda a criação de um blog para geração de conteúdo. Essa é a mídia prioritariamente escolhida, pois gera os seguintes benefícios:

A) Aumenta a capacidade da hospedagem se tornar encontrável no Google na etapa de planejamento e busca por informações;

B) Ajuda o usuário a obter dicas e informações valiosas sobre o destino, tornando o planejamento da sua viagem ainda melhor, e criando uma conexão com a marca a marca de hospedagem desde as primeiras etapas do processo;

C) Auxilia no direcionamento do tráfego de pessoas para o *website* principal da marca (onde pode conter o canal de reservas próprio da hospedagem);

D) Permite o redirecionamento do conteúdo do blog para as mídias sociais.

Toda vez que você cria um novo artigo no blog, você está criando conteúdo que as pessoas podem compartilhar em redes sociais – Twitter, Instagram, Facebook, Pinterest – o que ajuda a expor seu negócio a um novo público que possivelmente ainda não o conhece ainda;

E) Ajuda a converter o tráfego de usuários em Leads.

A partir do momento que há uma quantidade razoável de usuários acessando o blog da hospedagem, você ganha uma nova oportunidade: converter esses usuários em Leads. Um Lead é gerado quando alguém dá suas informações de contato, como nome e e-mail, em troca de uma oferta gratuita como, por exemplo, um guia digital com 5 dicas de passeios imperdíveis para fazer em Bonito-MS. Como um Lead demonstrou interesse ao baixar o material, pode ser que esteja interessado também em receber mais conteúdos sobre o destino e, possivelmente, uma oferta de estadia na sua hospedagem em momento oportuno no futuro.

Outras mídias para distribuição de conteúdo

Além do blog, também temos à disposição outros canais digitais importantes e que devem estar presentes na estrutura de distribuição de conteúdo produzido pela marca de hospedagem. Uma estratégia multicanal amplifica o alcance da marca e atinge diferentes públicos em momentos distintos.

Entretanto, a maioria das pequenas e médias empresas de hospitalidade não possuem um setor de Marketing robusto a ponto de implementar e gerenciar muitos canais com consistência e alta performance no longo prazo. Por isso, se esse for o seu cenário atual, a recomendação é que você escolha apenas um ou dois canais e foque todos os seus esforços de marketing neles.

Alguns outros canais que podem ser utilizados para distribuir conteúdo além do blog, tornando a hospedagem conhecida e desejada são: Facebook, Instagram, TikTok, YouTube, Pinterest e e-mail.

Os Influenciadores Digitais e o Marketing de Influência

Se você tem o costume de rolar diariamente o *feed* do seu Instagram ou passar um bom tempo assistindo a vídeos no TikTok, certamente já viu alguém que você segue anunciando o novo produto ou serviço de alguma marca. Inclusive, há uma grande chance de que você tenha sido influenciado por essa indicação ou vá ser em algum momento futuro, mesmo que não perceba. Essa é a dinâmica do marketing de influência e, primordialmente, dos seus agentes principais: os influenciadores digitais.

De maneira simplificada, um influenciador é alguém que possui a capacidade de exercer algum grau de influência sobre uma ou mais pessoas, seja no aspecto da formação de opinião ou no estímulo à determinada tomada de decisão.

Historicamente, os influenciadores existem desde os primórdios na sociedade. Pais e mães sempre exerceram influência sobre seus filhos; líderes religiosos sempre moveram multidões em direção à sua filosofia de crenças; artistas e celebridades sempre foram contratados por marcas de shampoo e leite em pó para dar cara aos seus comerciais na televisão.

O ponto crucial é: o que uma mãe, um padre e uma atriz da novela têm em comum? As mesmas duas coisas que um influenciador digital tem: audiência e autoridade.

O que mudou nos tempos atuais é que, qualquer pessoa com acesso a um *smartphone*, pode construir uma base de seguidores (audiência), criar conteúdo sobre um assunto que possua *expertise* (autoridade) e influenciar diariamente aqueles que consomem a sua mensagem. As mídias sociais inverteram os papéis do jogo e tornaram pessoas comuns em grandes comunicadores.

Por trás de todo esse campo de conteúdo e influência, existe um universo comercial que conecta marcas sedentas por divulgação a uma gama de influenciadores que falam sobre os mais variados temas e segmentos.

O mercado brasileiro de turismo e hospitalidade está repleto de criadores de conteúdo sobre viagens. Pessoas que viajam por conta própria e compartilham com seus seguidores os registros incríveis dessa jornada. De perfis focados em viagens que priorizam o mínimo possível de gastos, àqueles que mostram como são os luxuosos voos em primeira classe e estadias magníficas em hotéis seis estrelas. O universo de possibilidades no segmento de turismo é múltiplo e extenso.

A realidade do marketing de influência, bem como o seu imenso potencial a ser explorado nos próximos anos, despertou a atenção de destinos espalhados ao redor do planeta. O Rio de Janeiro, por exemplo, lançou um edital em 2021, selecionando 15 criadores de conteúdo sobre a cidade, os quais receberam o selo oficial de *Rio Digital Influencers*.

Apoiados pelo órgão municipal de promoção turística, os embaixadores receberam convites para os principais eventos cariocas, como a festa da virada do ano e o carnaval, além de terem participado de passeios exclusivos a pontos turísticos, como Cristo Redentor e Pão de Açúcar.

Paralelamente aos destinos, muitas hospedagens também vêm percebendo o potencial de conversão das histórias contadas por esses influenciadores em reservas concretas. Audiências formadas por milhares de seguidores que amam e almejam viajar, aliadas ao poder de conexão e narrativa do criador com esse público engajado, tornam o marketing de influência uma estratégia que precisa fazer parte do planejamento de qualquer hospedagem na era digital.

Existem algumas formas de desenvolver uma campanha de promoção da sua acomodação utilizando influenciadores. De certo modo, muitas hospedagens ainda não lançaram mão dessa estratégia por acreditar que seja muito custosa ou por não saberem ao certo como planejar, aplicar e mensurar os resultados de maneira eficiente. Mais a frente veremos como implementar essa estruturação. Contudo, primeiramente precisamos entender melhor o universo dos profissionais de influência.

Mais importante do que o formato ou até mesmo o que será mostrado sobre a hospedagem pelo criador, é compreender quem será o parceiro ideal para a campanha. Quando se fala em influenciadores digitais, a associação natural é feita normalmente a grandes celebridades como Kim Kardashian, Anitta, Neymar e Whindersson Nunes, cujos perfis no Instagram somam centenas de milhões de seguidores.

Quando falamos de negócios locais, como é o caso de uma hospedagem, influenciadores com uma base menor de seguidores, mas que trabalhem com nichos (ex.: viagens em casal), podem ser mais eficazes. O custo, evidentemente, também será consideravelmente mais baixo.

As categorias de influenciadores, pautadas no tamanho de sua base de seguidores, podem ser divididas em:

- Nano-influenciadores: 10.000 seguidores ou menos;
- Micro-influenciadores: 10.001 a 100.000 seguidores;
- Macro-influenciadores: 100.001 a 1 milhão de seguidores;

- Mega-influenciadores: acima de 1 milhão de seguidores.

Sem dúvida alguma, o número de seguidores é um dado importante na hora de escolher um influenciador para a sua marca. Entretanto, a quantidade não é tudo. O grau de engajamento do público com os conteúdos gerados também é uma métrica fundamental a ser analisada.

Afinal, é mais interessante trabalhar com um nano-influenciador de viagens que recebe centenas de curtidas, comentários e compartilhamentos em suas postagens, do que investir em *publiposts* com macro-influenciadores que não conseguem gerar conexões genuínas com a sua audiência, pois sua base é formada por usuários falsos.

Criando uma estratégia de Marketing de influência para a sua hospedagem

Para alcançar os resultados esperados, será preciso muito mais do que apenas escolher um influenciador com excelente conteúdo e *fit* com a marca. O gestor de uma hospedagem memorável, que esteja disposto a desenvolver uma campanha de influência para o seu empreendimento, deve levar em consideração 5 pontos elementares:

1. Definição dos objetivos a serem alcançados

Antes de iniciar, é obrigatório que sejam definidos os objetivos principais e secundários que se espera atingir ao final da campanha. A falta de alinhamento de objetivos pode levar a uma incapacidade de avaliação final dos resultados obtidos. Se não há um ponto final para se chegar, qualquer caminho servirá, e isso não pode ocorrer na campanha da sua hospedagem.

Traçar muitos objetivos também pode tornar a operacionalização complexa. O recomendável é que sejam definidos apenas um objetivo principal e outro secundário.

Exemplo: recém-inaugurado no Distrito Federal, um hotel-fazenda possui dois grandes desafios iniciais: a) lançar-se no mercado, fazendo com que as pessoas saibam sobre a sua existência; b) atingir, ao menos, 50% de taxa de ocupação nos próximos 4 meses.

Dentre as possíveis estratégias que compõem o planejamento de marketing, implementar uma campanha de influência foi uma das alternativas escolhidas. Como o principal benefício do marketing de influência é fazer com que novas pessoas descubram a marca, tendo em vista que a audiência do influenciador será impactada pelo conteúdo gerado, "aumentar o reconhecimento de marca" foi o objetivo primário estabelecido.

Como objetivo secundário, definiu-se que no mês da campanha, de 12% a 15% das reservas efetivadas deveriam ser oriundas diretamente dessa ação com influenciadores. Com os objetivos fixados no papel, é chegada a hora de selecionar os profissionais de influência que protagonizarão a campanha do hotel.

2. Seleção de influenciadores potenciais com base em dados

Para definir os criadores de conteúdo adequados, o hotel deverá analisar os 3 componentes da influência em cada um dos pré-eleitos: relevância, alcance e ressonância.

Relevância

Um influenciador relevante compartilha – evidentemente – conteúdo relevante com o seu público. Essa pode parecer uma conclusão óbvia em um primeiro momento, mas precisa ser dita, pois aqui mora uma armadilha traiçoeira no processo de geração de conteúdo atrelado a uma marca parceira.

O influenciador precisa ter uma audiência que se alinhe, o mais próximo possível, ao público-alvo da hospedagem. Para que haja esse ajuste, o empreendimento deve ter em mente as seguintes características em relação ao seu público:

- Geográficas: países, regiões, estados e cidades de origem;
- Demográficas: idades, gêneros, tamanho da família, ciclo de vida familiar (solteiro, casado com/sem filhos), renda, condição socioeconômica, ocupação e escolaridade;
- Psicográficas: estilo de vida (saudável, minimalista, romântico, criativo, militante), personalidade (sociável, autoritário, conservador), seus valores, interesses e suas preocupações.

Quanto mais assertivamente a hospedagem conhecer os seus hóspedes, baseada em dados, melhor será o processo de seleção dos profissionais.

Da parte dos influenciadores, esses dados também estão acessíveis às marcas que desejarem estabelecer relações comerciais ou de parceria. Via de regra, influenciadores digitais possuem um mídia kit. Esse documento revela os dados relativos ao campo de influência do profissional, como: mídias sociais em que está presente; número de seguidores, taxa de engajamento, características geográficas e demográficas dos seguidores, história e currículo do influenciador e campanhas de sucesso realizadas anteriormente com outras marcas.

Solicite o mídia kit aos influenciadores mapeados para verificar se estão alinhados com as necessidades de comunicação da sua hospedagem.

Alcance

Essa métrica diz respeito ao número potencial de pessoas que a hospedagem poderia alcançar por meio da base de seguidores do influenciador. Lembre-se: um público pequeno pode ser eficaz, mas você precisa ter certeza de que existe um número suficiente de seguidores para alcançar os objetivos definidos.

O fato de um influenciador ter, por exemplo, 100.000 seguidores no Instagram, não quer dizer que os conteúdos produzidos por ele sobre a sua hospedagem alcançarão os 100.000 seguidores. O número de pessoas alcançadas será sempre bem menor do que o número total de seguidores. Infelizmente, o algoritmo que controla a distribuição e com qual frequência os *posts* serão exibidos nos *feeds* dos usuários não é assim tão complacente.

Ressonância

Este é o nível potencial de envolvimento que o influenciador pode criar com um público relevante para a sua marca. É um ponto muito importante a se considerar, pois entrará na análise qualitativa, ao invés da quantitativa. Como dito anteriormente, um número grande de seguidores não faz sentido se os mesmos não estiverem interessados no conteúdo compartilhado.

Os influenciadores de nicho, por outro lado, podem ter seguidores muito dedicados e engajados. Inclusive, a taxa de engajamento, seja de nanos ou mega-influenciadores, é primordial para verificar a ressonância de um perfil nas mídias sociais.

Normalmente, essa taxa está disponível no mídia kit dos profissionais, e pode ser calculada a partir da seguinte fórmula: Taxa de Engajamento = (interações/alcance) x 100. As interações compreendem todo o envolvimento com a publicação, tais como: curtidas, comentários, salvamentos e compartilhamentos.

Vamos a um exemplo prático: Imagine um total de 314 interações em um *post*, com alcance de 8.190 pessoas, em um perfil que tem 25.000 seguidores. Nesse caso, a taxa de engajamento será de: 314 / 8.190 = 0,038 x 100 = 3,83%. No Instagram, são consideradas boas taxas de engajamento resultados entre 1% e 3%. Acima desse teto, a publicação obteve uma performance excelente.

Portanto, levando em consideração os 3 componentes da influência (relevância, alcance e ressonância); faça uma pesquisa para selecionar os principais influenciadores que se encaixem com o perfil de público e conceito da sua hospedagem; construa uma lista com os nomes elencados e entre em contato. Esse processo também pode ser feito por intermédio de agências especializadas no segmento, ou plataformas que conectam marcas a influenciadores, como a influency.me ou a Squidt.

3. Negociação sobre a forma de remuneração

Atualmente, existem duas formas de remunerar os influenciadores digitais pela campanha realizada: remuneração financeira e não financeira. O que determinará o melhor modelo para cada campanha serão as opções de geração de valor que a hospedagem disponibiliza para o profissional e também a forma como o mesmo deseja ser remunerado.

Cada influenciador escolhe a maneira como prefere trabalhar, e os modelos que aceita negociar, uma vez que ainda não há regulações que balizam esse segmento do mercado digital. Contudo, uma boa prática deve ser levada em consideração na proposta: a contrapartida oferecida ao influenciador deve ser valiosa.

A remuneração financeira envolve o pagamento, por parte da hospedagem, de determinada quantia monetária previamente estabelecida. Esse modelo estabelece uma relação onde a hospedagem possui um maior controle sobre o trabalho, afinal está pagando por isso.

De acordo com a MediaKix, agência americana especializada em marketing de influência, as marcas que optam por oferecer remuneração financeira aos influenciadores, podem usufruir de alguns benefícios, bem como exigir determinadas entregas, tais como:

- Uso de pontos especificados pela marca, com revisão e aprovação;
- Possibilidade de revisar o conteúdo, pedir mudanças e dar *feedbacks*;
- Possibilidade de revisar o conteúdo também para garantir que estejam em conformidade com o *compliance* da empresa e as leis locais;
- É possível especificar os termos do contrato;
- É possível traquear métricas e usar *links* de rastreio, além de métricas de conversão, tráfego etc.;
- É possível agendar *posts* com precisão, de modo que coincidam com outras campanhas;
- A promoção social é previamente acordada;
- Pode ser acertada a exclusividade da marca;
- É possível escolher exatamente com quais influenciadores se vão trabalhar — podendo eleger os mais importantes, se esse for o caso.

Já as remunerações não financeiras são feitas em formato de permutas. A hospedagem pode, por exemplo, oferecer estadias gratuitas futuras ao influenciador ou algum outro tipo de benefício acordado entre ambos. De acordo com a Mediakix, esse segundo modelo de remuneração traz as seguintes vantagens e desvantagens:

- Não há controle da qualidade do conteúdo;
- Não há controle sobre a mensagem exata da marca;
- As mensagens podem ser consideradas impróprias pelos órgãos que regulam a comunicação do país — como FTC nos EUA ou Conar no Brasil;
- Não há possibilidade de fazer valer um contrato;
- Não há acesso a métricas, rastreamento de URL, tráfego e nem *call to action* — uma vez que não se pode exigir que o influenciador forneça os dados de suas contas em redes sociais aos quais só ele tem acesso;
- Não se pode exigir o agendamento de *posts* em datas específicas;
- Não é possível revisar e aprovar previamente o conteúdo;
- A promoção social é incerta;
- Não há garantia de exclusividade da marca com aquele influenciador;
- Não há garantia de que se vai trabalhar com os influenciadores mais relevantes, pois estes normalmente só trabalham sob remuneração financeira (embora esta não seja uma regra).

Como uma terceira via de remuneração, é possível oferecer também um modelo híbrido, ou seja, ofertar permutas como, por exemplo, duas noites gratuitas em estadias futuras, combinada com uma parcela do pagamento em dinheiro pela realização da campanha.

Se o objetivo principal da hospedagem for a conversão de reservas no curto prazo, uma estratégia que costuma produzir bons resultados é o lançamento de cupons de desconto pelo influenciador ao longo do conteúdo produzido. Por exemplo: os seguidores que reservarem utilizando este cupom ganham 15%

de desconto no preço total da estadia. A cada conversão realizada, o influenciador ganha um valor como comissão.

4. Briefing e operacionalização da campanha

Esta etapa é muito importante, pois auxiliará no norteamento correto da operação da campanha, fornecendo todas as informações necessárias para que o influenciador esteja apto a direcionar o conteúdo corretamente, alcançando assim os objetivos elencados na primeira etapa.

Para isso, utilizaremos uma ferramenta chamada *Briefing* ou, em tradução literal, um resumo. O *briefing* nada mais é do que um compilado de informações e instruções concisas e objetivas sobre a missão da campanha. É como se fosse uma espécie de mapa que guiará todos os envolvidos durante a produção de conteúdo sobre a hospedagem.

É inegável que um *briefing* bem feito é, na maioria dos casos, a chave para o sucesso de uma campanha de influência. Quando bem elaborado, o documento contém todas as informações e dados relevantes para o influenciador, o que o ajudará a obter uma imagem exata e clara do que a sua marca de hospedagem espera em relação às entregas.

Em uma boa estrutura de *briefing* devem estar presentes os seguintes campos:

OBJETIVOS DA CAMPANHA

É aqui que você compartilha suas necessidades e resultados, bem como a sua visão de futuro com o influenciador. Certifique-se de que eles entendam seus objetivos principais e secundários, assim como as metas que você espera alcançar quando a campanha chegar ao fim.

Como a maioria dos influenciadores tem uma boa compreensão sobre a sua própria audiência, eles sabem como redigir as mensagens para seus seguidores e garantir que as metas específicas sejam atingidas. Ao explicar os objetivos, é importante observar o seguinte:

- Número alvo em termos de alcance total e audiência;
- Consideração em termos de cliques, redirecionamentos para o *site* e outras métricas de conversão;
- Modelos de respostas em relação às possíveis perguntas frequentes sobre a infraestrutura e serviços da hospedagem;
- Modelos de respostas sobre outras possíveis temáticas;
- Estabelecer qualitativamente e em números o que se espera em relação aos resultados.

Apresentação detalhada da hospedagem ao influenciador

Nesta parte é onde você deverá apresentar tudo sobre a marca e a hospedagem que você gostaria de promover ao longo da campanha. Tornar esta parte emocionalmente cativante é importante, pois para que o influenciador possa convencer outras pessoas, ele precisa ser convencido primeiro.

Exemplo: "Nesta campanha, gostaríamos que você vivenciasse a experiência de hospedagem do nosso hotel-fazenda como uma verdadeira hóspede. Para isso, nessa apresentação, iremos lhe mostrar cada detalhe que compõe a jornada experienciada por todos aqueles que se hospedam conosco". Apresente os bastidores e o *front* de toda a unidade, do processo de *check-in* na recepção às atividades de lazer disponíveis.

Definição das regras da campanha

Se você estiver usando o modelo de remuneração financeira com o seu influenciador, a adequação e condução da campanha dentro de alguns parâmetros de regras podem ser mais facilmente aplicados. Entretanto, um dos principais erros que as marcas cometem nesta etapa, é impor tantas limitações que a criatividade dos influenciadores acaba sendo sufocada.

Crie balizadores, mas garanta a liberdade de ideias do criador, afinal, você certamente o chamou, pois entende que a sua linguagem e forma de se comunicar se encaixam com a da sua hospedagem. Muitas restrições aniquilam a espontaneidade e tornam o discurso falso.

Exemplos de regras adequadas:

- Pode contar, a níveis comparativos, sobre outras experiências de hospedagem passadas, contudo sem citar o nome de marcas do mesmo nicho que o hotel;
- Não expor tarifas ou promoções que não foram previamente alinhadas;
- Não invadir a privacidade ou expor outro hóspede à situações desconfortáveis;
- Utilizar somente as *hashtags* e marcações acordadas previamente.

Compartilhar ideias para a produção de conteúdo

Dependendo das suas necessidades e conhecimentos sobre a hospedagem, você pode gerar ideias e apresentá-las como sugestões para o influenciador. Entretanto, lembre-se: geralmente é melhor deixar que os próprios tenham a liberdade de registrar o que consideram mais interessante durante a estadia, uma vez que, ninguém entende melhor seus seguidores do que eles.

Exemplo: "Você terá total liberdade para compartilhar o que quiser sobre a hospedagem, em suas mídias sociais, durante a ativação da campanha. Não há nenhuma restrição de áreas ou serviços. Pensando nisso, e considerando que o empreendimento possui muitos momentos incríveis, compartilhamos alguns pontos de destaque abaixo para lhe auxiliar durante a estadia":

- Café, chás, biscoitos e bolos frescos são oferecidos 24 horas ao dia na recepção;
- O *barman* José é um ícone do nosso hotel e amado pelos hóspedes. Vale tomar um Mojito preparado por ele no bar da piscina;
- Todo dia de manhã às 06h, colhemos os vegetais e hortaliças na horta própria da fazenda, os quais são utilizados nas preparações de almoço e jantar;
- Os quartos possuem sistema automatizado pela Alexa, então, basta dizer "Alexa, bom dia" e as luzes se acenderão. O contrário, "Alexa, boa noite", também se aplica. As crianças adoram!

5. Análise de resultados

"O que não pode ser medido, não pode ser gerenciado". Essa é uma frase do célebre professor norte americano de administração, William Edwards Deming, e se aplica perfeitamente ao marketing de influência. Na verdade, podemos utilizar o conceito para pautar diversas tomadas de decisão em relação ao gerenciamento de hospedagens.

Desde o primeiro momento da campanha, é preciso acompanhar de perto as métricas para analisar se o caminho que está sendo percorrido está de acordo com os rumos que foram traçados.

As métricas são os indicadores de performance de uma campanha. Sua função é medir o sucesso das ações de influência e mostrar quão bem – ou mal – estão indo as campanhas. Elas são um dos elementos mais importantes de qualquer campanha, pois, sem as métricas, a hospedagem não tem uma imagem clara de como o público está reagindo.

A seguir, vejamos alguns exemplos de métricas que podemos utilizar como indicadores para medir o sucesso das ações com influenciadores digitais:

RETORNO SOBRE O INVESTIMENTO (ROI)

O *return over investment* ou retorno sobre o investimento (ROI) é a principal métrica existente e deve obrigatoriamente fazer parte da campanha de influência da sua hospedagem. De maneira simples, o ROI pode ser definido como o resultado obtido após subtrair as receitas dos custos e despesas e dividir esse resultado pelos custos e despesas novamente.

Em outras palavras, a fórmula para calcular o ROI é definida por:

> ROI = (receita gerada) – (custos + despesas) / (custos + despesas).

Vamos a um exemplo prático: imagine que, uma pousada em Maceió-AL, desenvolveu uma campanha com remuneração financeira para dois influenciadores digitais promoverem um pacote promocional de três noites em comemoração ao dia dos pais. Além do montante pago aos profissionais, os mesmos foram convidados a se hospedarem por quatro noites na pousada, cerca de quarenta dias antes da data comemorativa em questão, para que pudessem produzir conteúdo *in loco* para os seus seguidores. Ao final da ação, os seguintes dados financeiros foram obtidos:

Despesas: Remuneração total (conhecida como *fee*) cobrada pelos influenciadores = R$ 6.000,00 (sendo R$ 3.000,00 para cada um).

Custos: custos de hospedagem dos dois influenciadores durante 4 noites = R$ 640,00 (sendo R$ 320,00 o custo individual de cada influenciador, baseado nos custos mínimos diários por hóspede praticados na pousada).

Receita gerada com reservas oriundas da campanha: R$ 22.750,00 (sendo R$ 19.835,00 provenientes do influenciador A e R$ 2.915,00 do influenciador B).

> Calculando o ROI desta campanha, teremos: (R$ 22.750,00) - (R$ 6.000,00 + R$ 640,00) / (R$ 6.000,00 + R$ 640,00) = 2,42.

Esse resultado mostra que o desempenho, aos olhos do retorno sobre o investimento, foi positivo em 2,42 vezes o investimento inicial. Pode-se optar também por multiplicar esse número final por 100 para obter o resultado percentual, ou seja, a campanha gerou 242% de retorno.

Embora essa métrica tenha demonstrado um desfecho extremamente favorável, é importante que o gestor de hospedagem analise também o ROI de cada influenciador separadamente. Ao fazer a análise individual neste exemplo de campanha, será possível constatar que o influenciador A gerou um ROI positivo de 497%, enquanto o segundo teve um ROI negativo de 12,1%. Conclusões podem ser tiradas a partir dessa métrica para campanhas futuras com os mesmos influenciadores.

Manter os olhos abertos para essa métrica ajudará a entender quais influenciadores estão trazendo o máximo de retorno financeiro para o seu negócio. Se os custos da campanha forem maiores que o faturamento gerado pela mesma, do ponto de vista financeiro, as ações podem não ter valido a pena.

Certifique-se de usar *links* de rastreamento únicos em cada campanha de influenciadores para que você possa dizer quais influenciadores estão gerando um ROI positivo em relação àqueles que não estão.

Custo por reserva (CPR)

CPR ou custo por reserva é a quantidade de dinheiro que você investe para conseguir uma reserva. As campanhas de marketing de Influência permitem avaliar este custo de aquisição com base no valor pago ao influenciador somado aos custos e despesas, dividindo pelo número de reservas geradas na campanha (caso haja).

A fórmula para calcular o CPR na campanha de influência seria:

> CPR = total investido / número de reservas

Tomando por base o exemplo da pousada de Alagoas, suponhamos que foram vendidos 30 pacotes, o que gerou consequentemente 30 reservas para o período.

> CPR = R$ 6.640,00 / 30 = R$ 221,33.

Logo, o CPR desta campanha foi de R$ 221,33.

É interessante que você possa pagar aos influenciadores com base nas taxas de conversão de reservas que eles alcançam; gastando mais em influenciadores que geram mais vendas, e menos para aqueles com taxas de conversão mais baixas.

Conscientização de marca

O objetivo do marketing de influência não é apenas gerar vendas, mas também aumentar o reconhecimento de sua marca de hospedagem entre os hóspedes potenciais. Uma boa maneira de medir esta métrica específica é comparar as estatísticas de antes e depois na ferramenta Google Trends.

Por exemplo, se as pessoas procuraram no Google pela sua hospedagem com maior frequência durante o período no qual a campanha esteve sendo conduzida, então você poderá ter a certeza de que o reconhecimento de sua marca pelo público aumentou.

Sentimentos de marca

Outra maneira de medir o sucesso de uma campanha de influência é verificar os sentimentos negativos e positivos dos clientes potenciais em relação à sua hospedagem em plataformas de mídia social como Facebook, Instagram e TripAdvisor.

Tome nota do que pessoas e hóspedes estão dizendo sobre a hospedagem. Se a maioria for negativa, aplique as medidas adequadas antes de lançar uma nova campanha com mais influenciadores. Mas, se houver uma tendência de comentários positivos, suas campanhas de influência podem ser a razão.

Visitantes no site

Usando ferramentas de monitoramento como o Google Analytics, você pode facilmente determinar o número de visitantes novos e aqueles que retornaram ao seu *website* próprio durante o período da campanha. Analise os dados de acesso de visitantes ao seu *website* antes, durante e depois das campanhas de influência para analisar o tamanho do tráfego gerado para a sua plataforma.

Alcance e engajamento

Nem todos que veem sua hospedagem em uma campanha de influência visitarão seu *site* ou farão uma reserva. Mas isso não significa que eles não foram positivamente influenciados pela campanha e poderão se tornar seus hóspedes no futuro.

Para tal, observe a quantidade de alcance que cada influenciador gerou à sua marca e qual foi o seu grau de engajamento.

Junto ao influenciador, meça curtidas, comentários, cliques e todas as demais reações ao conteúdo. Analise com atenção também os comentários sobre o conteúdo gerado pelo criador para obter pistas sobre seu apelo ou o que as pessoas gostaram ou não sobre ele.

Taxa de engajamento de influência *(TEI)*

A taxa de engajamento de influência (TEI) calcula a relação entre o número de reações e o número de seguidores que os influenciadores tinham no momento em que lançaram sua campanha. Quanto maior a TEI, mais envolvente o conteúdo da campanha da sua hospedagem foi para o público específico deles.

Reservas

Evidentemente, você deve medir o impacto das reservas nas suas campanhas de influência. Este é um bom indicador chave de performance a ser analisado em termos de ROI, mas também pode ajudar a rastrear a receita incremental de novos clientes que foram inspirados pelo conteúdo que seus influenciadores publicaram.

Como mencionado anteriormente, tente usar *links* exclusivos para cada influenciador, para que você possa identificar mais claramente as vendas que eles provocaram. Você também deve estimar o valor de vida útil do cliente em seus cálculos, uma vez que novos clientes gerados a partir de campanhas de influenciadores podem fazer muitas outras reservas ao longo do tempo.

Ouça o Open House com os influenciadores Marcos Vaz e Inês Lafosse

TERCEIRA ETAPA DA JORNADA DE COMPRA: RESERVAR

Findada a etapa de planejamento, o viajante em potencial já está decidido pelo local de destino. A partir deste momento, inicia-se a etapa de seleção e reserva de fornecedores que serão responsáveis por materializar o sonho da viagem em uma vivência concreta e memorável.

Grande parte do *trade* turístico está envolvido nesta etapa: companhias aéreas; agências e operadoras; locadoras de veículos; seguradoras; empresas de transporte e passeios; e é claro, meios de hospedagem.

Se você aplicou a metodologia e as ferramentas apresentadas na etapa de planejamento, pode ser que a sua hospedagem já esteja no hall de acomodações pré-selecionadas pelo viajante e, com isso, estará um passo de vantagem em relação às demais.

O grande problema é que a maioria dos meios de hospedagem só se preocupam com a reserva do hóspede, justamente quando o mesmo chega nesta terceira etapa da jornada de consumo, perdendo uma oportunidade singular de impacta-lo ainda na etapa do planejamento. Para piorar, grande parte ainda sofre com uma alta dependência das OTAs (*online travel agencies*), como Booking, Airbnb e Expedia, para conseguir fechar o mês com boa taxa de ocupação.

Se a sua hospedagem ainda estiver enquadrada neste cenário, trago à luz da reflexão um importante conceito difundido no meio digital e que você, como gestor, deve ficar muito atento: "Jamais construa o seu castelo em um terreno alugado". Isso serve para diversos modelos de negócios que utilizam a internet como ferramenta e, para hospedagens, também é uma dica de ouro.

Caso não tenha ficado totalmente claro: ao depender exclusivamente de uma OTA para captar reservas, toda a capacidade de uma hospedagem de trazer hóspedes para o seu empreendimento, fica vulneravelmente comprometida sob o controle de outra empresa. Com isso, a dona da terra alugada (a OTA) pode impor as regras que bem entender sobre a sua hospedagem, podendo levar a sua fortaleza à ruína.

Felizmente, com as mudanças de comportamento do consumidor na era digital, novos meios de descoberta de hospedagens, como as mídias sociais, vêm ganhando cada vez mais espaço. Os canais próprios da marca, visando comunicação, geração de conteúdo e reservas, desempenham um papel fundamental na operação das hospedagens memoráveis. Nesse caso, podemos ir além: se a sua hospedagem tiver um *website* próprio que receba reservas diretas – e recomendo muito que tenha – ela pode e deve estar listada nas principais OTAs, porém não por motivo de dependência, mas sim para tirar proveito de um fenômeno chamado efeito *Billboard*.

Um estudo conduzido em 2009 pelos renomados pesquisadores Chris Anderson e Saram Han, da *Cornell University School of Hotel Administration*, revelou uma preciosa correlação entre hospedagens que estão listadas em OTAs e, ao mesmo tempo, possuem seus *websites* próprios como canal de reserva.

Anderson e Han apresentaram uma experiência na qual um grupo de hotéis foi listado e depois retirado do *site* da Expedia em semanas alternadas. Este teste descobriu que, em comparação com estar oculto, aparecer na plataforma da Expedia aumentou as reservas de 9% a 26% nos *websites* próprios dos hotéis (acima das reservas que ocorreram dentro da plataforma da Expedia).

Esse resultado foi seguido por outro estudo em 2011, no qual, examinando a pesquisa de pré-compra *online* dos consumidores, descobriram que cerca de 75% dos usuários que fizeram reservas com uma grande marca hoteleira haviam visitado uma OTA antes de reservar diretamente com a marca. Esse fenômeno ficou conhecido como efeito Billboard (ou efeito-cartaz).

Para que a sua hospedagem consiga tirar proveito desse comportamento de reserva, não basta simplesmente ter um *website* na internet. Ele precisa seguir parâmetros adequados para que a experiência do usuário na sua plataforma seja positiva e a conversão de navegação em reserva ocorra. Veremos os principais fundamentos de um bom *website* próprio para uma hospedagem memorável a seguir.

Mobile First

Mobile first pode ser definido como a forma de pensar sobre o *website* de uma hospedagem de maneira que seja priorizada a usabilidade nos dispositivos móveis, melhorando a experiência de navegação do usuário.

Desde o surgimento da internet, o *desktop* foi considerado a tela principal para navegação em todos os *sites*, contudo, com o aumento considerável da navegação via *smartphones* na última década, os dispositivos móveis ganharam uma importância maior e se transformaram na primeira tela. Segundo a pesquisa TIC Domicílio, realizada em 2020, 59% dos brasileiros que acessam as redes utilizam exclusivamente o celular.

A partir disso, um design *mobile first* visa projetar primeiro o *site* para dispositivos móveis e depois adequá-lo para *desktop*. Isso irá garantir que a experiência de navegação via celular seja priorizada, trazendo melhores resultados para a hospedagem.

Caso o *site* já esteja no ar, deve-se observar se o mesmo é responsivo, ou seja, adéqua perfeitamente o conteúdo presente na visualização do *desktop* para diversos tamanhos de tela em diferentes dispositivos.

Abaixo, como exemplo de um bom *site* responsivo, temos o Aroso Paço Hotel, localizado em Domingos Martins, Espírito Santo. Note que as informações sobre acomodações, tarifas e reserva ambiental aparecem exatamente da mesma forma, seja na imagem horizontal (*desktop*) ou na vertical (*smartphone*).

Velocidade de carregamento

O tempo que as páginas de um *site* demoram a carregar e se tornarem visíveis para o usuário afeta consideravelmente a sua experiência. Quanto mais rápido um *site* carregar, maior será a retenção de usuários e o volume de conversões (reservas). De acordo com o Google, se um *site* demora mais do que 3,5 segundos para carregar, a probabilidade de *bounce rate*, ou seja, de desistência desse usuário é de quase 90%. Pode parecer pouco quando pensamos de maneira isolada nesse tempo, mas olhando para uma tela em branco, esses três segundos ganham uma proporção muito maior.

Além disso, a velocidade de carregamento das páginas também é importante para a otimização de motores de busca. Em

2010, o Google anunciou que a velocidade de página seria incluída como um dos fatores de classificação para o seu índice de busca. Logo, quanto mais rápido o *site* da sua hospedagem carregar, maior será a chance dele ranquear nas primeiras posições do Google. Lembre-se que esse é um fator muito importante na etapa de planejamento da jornada de consumo do hóspede.

Para verificar como está a velocidade de carregamento atual do *site* da sua acomodação, utilize o Google PageSpeed Insights. Essa é uma ferramenta incrível, simples de usar e qualquer pessoa pode ter acesso gratuitamente. Sua função é processar e analisar cada elemento de um *site*, gerando uma nota para o mesmo, tanto nas versões desktop quanto mobile. Além disso, o PageSpeed traz uma série de sugestões de melhorias personalizadas decorrentes da análise que podem ser implementadas no *site*, melhorando assim sua velocidade de carregamento.

Para testar o *site* da sua hospedagem na plataforma, busque por Google PageSpeed Insights; acesse a ferramenta; digite a url que deseja analisar (https://www...) e aperte "Analyze".

Multicanais digitais de reserva

A teoria dos múltiplos canais em hospedagem pressupõe que, quanto maior for a disponibilidade de canais para que o hóspede possa realizar uma reserva, maior será também o número de pessoas alcançadas nesses meios, tornando o processo muito mais acessível e simples para o usuário. O consequente resultado é que uma estratégia multicanal pode vir a gerar um volume de reservas consideravelmente maior quando comparado à utilização de apenas um canal.

De fato, possuir canais internos de reserva como *website* próprio, balcão, central telefônica, e-mail, WhatsApp e mídias sociais; além de meios externos, como OTAs (Booking, Airbnb, Hotéis.com, Expedia etc.) e parcerias com agências é um excelente caminho para aumentar a taxa de ocupação.

Entretanto, a opção pela estratégia multicanal de reserva só será indicada caso a hospedagem tenha a plena capacidade de operar perfeitamente todos os canais, realizando o processo integral de reserva pelo canal que o consumidor escolheu estabelecer o contato.

Se você definir que o WhatsApp será um dos canais de reserva disponíveis, garanta que ao receber o contato de um hóspede em potencial por lá, todo o processo de atendimento, negociação, fechamento e pagamento da reserva seja realizado exclusivamente pelo WhatsApp.

Um exemplo: em dezembro de 2021 entrei em contato com um hotel no Rio de Janeiro para reservar um *Day use* para duas pessoas – modalidade na qual se usufrui da estrutura e serviços do hotel sem pernoitar. Na aba reservas, dentro do *site* da hospedagem, indicava um número de WhatsApp para essa finalidade. Ao enviar a mensagem solicitando o serviço, uma resposta automaticamente robotizada dizia que as reservas deveriam ser feitas através do e-mail.

Aguardei para ver se haveria alguma interação humana e, após mais de 10 minutos, reenviei a solicitação. Na sequência recebi uma resposta – que deixou muito a desejar para a categoria do hotel – do setor de reservas "pedindo o favor" de enviar a solicitação por e-mail.

> 🔒 As mensagens e as chamadas são protegidas com a criptografia de ponta a ponta e ficam somente entre você e os participantes desta conversa. Nem mesmo o WhatsApp pode ler ou ouvi-las. Toque para saber mais.
>
> Olá, tudo bom?! Boa tarde!
> Rodrigo Galvão por aqui.
>
> Vocês tem serviço de Day Use com massagem e Almoço (ou) café da manhã pra casal? 15:27
>
> Hi, thank you for getting in touch with us. All reservations are made through our email: hello@
>
> Olá, obrigado por entrar em contato conosco. Todas as reservas são realizadas através do nosso email: hello@ 15:27
>
> Olá, tudo bom?! Boa tarde!
> Rodrigo Galvão por aqui.
>
> Vocês tem serviço de Day Use com massagem e Almoço (ou) café da manhã pra casal? 15:38
>
> Olá Rodrigo. Tudo bem com você? Favor enviar email para o endereço acima. Muito Obrigada. E um feliz 2022 15:47

Já descontente com o primeiro contato com a hospedagem, enviei o e-mail. Duas vezes. Jamais obtive retorno.

QUARTA ETAPA DA JORNADA DE COMPRA: VIVENCIAR

É nesta quinta etapa que o viajante vivenciará a viagem e se hospedará na acomodação escolhida. Este é o momento da verdade para uma hospedagem memorável e, tudo que ocorrer aqui, influenciará diretamente na experiência final do hóspede.

A etapa da vivência também possui uma relação gigantesca com a última etapa da jornada, a de avaliação, pois uma está diretamente ligada à outra. No capítulo da Jornada da Hospitalidade veremos, passo a passo, como formatar uma estadia inesquecível para os nossos hóspedes, garantindo o sucesso desta quinta etapa.

QUINTA ETAPA DA JORNADA DE COMPRA: AVALIAR

Após vivenciar todo o ciclo da viagem e retornar para casa, chega o momento em que o viajante realiza as avaliações das empresas e serviços utilizados ao longo do processo. Essa última etapa também pode ocorrer durante a viagem e é uma das mais importantes, pois as hospedagens são um dos componentes mais afetados, tanto para o lado positivo quanto para o negativo.

Geralmente, as avaliações públicas em plataformas de reservas ou *sites* específicos de avaliação e ranqueamento – como o TripAdvisor – possuem uma etapa de julgamento quantitativo da experiência geral – de uma a cinco estrelas ou de um a dez pontos – e uma etapa qualitativa, onde o hóspede pode escrever detalhadamente a sua percepção sobre a estadia.

Em relação à jornada de compra *online*, as avaliações possuem uma influência muito grande no que diz respeito ao resultado de conversão em reservas após um hóspede em potencial visitar o anúncio da acomodação em um *site* de reserva de hospedagens. Avaliações negativas tendem a colocar um ponto de interrogação na cabeça das pessoas, fazendo-as questionar se aquela é realmente a opção ideal para a sua viagem.

A avaliação negativa relativa a uma experiência ruim de um hóspede, feita na última etapa de sua jornada de compra, poderá impactar outras pessoas que estão no momento do planejamento de suas viagens. Ou seja: a quinta etapa da jornada de um hóspede insatisfeito, que deixou uma avaliação ruim na Booking.com, afetará diretamente a segunda etapa da jornada de diversas outras pessoas. Isso nos traz a compreensão de que, além de entregar experiências de hospedagens memoráveis para todos os hóspedes, também devemos ter habilidade para gerenciar os comentários e avaliações negativas, encarando-as como uma parte existente e real do processo de gestão de um negócio de hospedagem.

O gatilho da prova social

Por mais que não se conheçam, pessoas confiam em pessoas e as avaliações nada mais são do que provas sociais de um círculo de confiança invisível que rege o consumo no ambiente digital.

É fundamental notar que para além do universo *online*, as provas sociais também estão presentes em diversos outros setores do varejo, e até mesmo da hospitalidade.

Imagine a seguinte situação: você acabou de chegar tarde da noite na última cidade da sua viagem pela Europa. Fez o *check-in* na recepção do hotel, deixou as malas no quarto e tudo o que você quer nesse momento é comer rapidamente alguma coisa e cair na cama. Você desce até o lobby e constata que o restaurante do hotel não está mais servindo nada a essa hora. A saída será comer algo na rua. Você sai pela porta giratória e vê somente dois restaurantes abertos na mesma calçada do prédio: o primeiro está cheio de gente, super movimentado e com um cheiro delicioso que é possível sentir de longe. O segundo está vazio, quase às moscas. Qual restaurante você escolhe? Certamente o primeiro, pois o nosso cérebro tende a fazer a associação: "se está vazio é porque deve ser ruim".

Dentro da hotelaria, o gatilho da prova social também pode ser utilizado no dia a dia. Por exemplo: um hotel na Espanha colocou no banheiro uma mensagem com os dizeres: "82% dos hóspedes utilizam a toalha mais de uma vez, e isso nos ajuda a preservar o meio ambiente". O resultado foi que ainda mais hóspedes passaram a economizar toalhas, porque esse é o tipo de mensagem que gera um sentimento de adaptação ao ambiente. Se outras pessoas antes de nós fizeram, nós também temos uma grande tendência a fazer. O ser humano se adéqua para garantir a sua sobrevivência como espécie. Aquele que se comporta sempre fora do padrão da sociedade é excluído.

Estes são os exemplos mais simples e diretos do que é a prova social. Quando precisamos tomar decisões importantes como a escolha de uma hospedagem, procuramos referências de outras pessoas que já viveram aquela experiência para nos auxiliar nesse momento. Por isso as avaliações têm um peso tão grande na formação de opinião e consequente poder de influência na decisão dos hóspedes.

Quando o mercado, a imprensa, os produtores de conteúdo, os críticos e os hóspedes falam sobre a sua hospedagem na internet, isso reverbera diretamente na reputação da sua marca. Na era digital, todos os proprietários de empreendimentos hoteleiros e colaboradores se depararão em algum momento com o dilema desafiador de lidar com uma avaliação negativa. Apesar de você se esforçar diariamente para agradar seus hóspedes e oferecer um serviço de qualidade excepcional, uma avaliação negativa pode vir a ocorrer. Por mais frustrante que seja, você precisa estar preparado para lidar e responder a isso com inteligência emocional e método de comunicação. Essa é uma parte essencial da gestão de reputação da marca.

Acredite ou não, avaliações negativas em pequena quantidade no meio de muitas outras positivas não arruinarão a reputação e os resultados da sua hospedagem. Na verdade, até mesmo uma crítica sobre algo pontual, pode ter um lado bom, pois humaniza a marca. Sem querer romantizar as avaliações ruins, mas, muitas vezes, os consumidores percebem empresas que possuem apenas classificações estelares e avaliações extremamente positivas de forma suspeita. Estudos recentes da *School of Hospitality Administration* da *Boston University* também demonstraram que responder a essas considerações negativas pode ter um impacto positivo em seus negócios.

O hóspede, bem como as futuras pessoas interessadas em se hospedar na sua acomodação, podem perdoar um erro. O que elas dificilmente perdoarão é se você não ouvir, tratar e corrigir esse erro.

6 PASSOS EFICIENTES PARA RESPONDER AVALIAÇÕES NEGATIVAS DE HÓSPEDES NA INTERNET

Caso você seja o responsável pela gestão de reputação, comentários e avaliações da hospedagem, a sua responsabilidade será responder da maneira mais profissional possível. Aqui, controle emocional será a regra do jogo. Sob a perspectiva da reputação, mais importante do que o *feedback* feito pelo hóspede é a resposta que será dada a ele. Afinal, como você lida com uma análise negativa mostra a todos os seus hóspedes (antigos, novos e potenciais) a sua personalidade de atendimento, bem como o quanto você valoriza a opinião deles.

A seguir, veremos um Procedimento Operacional Padrão (POP) que poderá ser implementado para gerenciar as respostas às futuras avaliações negativas que você receber na sua acomodação:

1. Não deixe ninguém sem resposta e seja o mais veloz possível

Um dos maiores problemas que as hospedagens enfrentam é não responder a uma revisão negativa com a rapidez suficiente. E eu entendo perfeitamente que essa celeridade pode ser um grande desafio na rotina diária da empresa.

Afinal, você tem um setor inteiro para gerir, ou uma hospedagem inteira caso você seja o responsável por grande parte da operação. Você tem colaboradores que adoecem, fornecimento de suprimentos para receber, quartos e áreas comuns para deixar impecavelmente limpos, um café da manhã impecável para servir pela manhã, e cerca de um milhão de outros incêndios que precisam ser apagados todos os dias. Uma avaliação negativa no Booking, TripAdvisor ou Reclame Aqui, pode não estar no topo de seu radar. Mas preciso ser sincero com você: ela deveria estar.

Não há exatamente um tempo ideal para dar o *feedback* em uma avaliação. Contudo, recomendo que não leve mais de 48 horas para fazê-lo. A primeira razão deve-se ao fato de que se você adiar por muito tempo fará com que seu eventual pedido de desculpas possa soar como algo não muito sincero. O segundo motivo é que algumas plataformas delimitam um tempo máximo para essa réplica. No Airbnb, por exemplo, o anfitrião possui até 30 dias para responder a uma avaliação. Outra boa razão pela qual você deve responder o mais rápido possível, deve-se ao impacto daquela crítica nas suas próximas reservas. Quanto mais tempo aquela avaliação negativa ficar exposta no anúncio da acomodação sem que haja um retorno da marca, mais hóspedes potenciais visualizarão a mensagem, podendo impactar negativamente em suas decisões de escolha por aquela acomodação.

Lembre-se, você não está simplesmente respondendo ao avaliador negativo. Você está respondendo aos milhares de clientes potenciais que estão lendo a avaliação ruim. Se você tiver habilidade na resposta, na maioria das vezes, ficará claramente caracterizado quando uma reclamação é válida, ou o hóspede foi muito agressivo, ou reclamou sobre algo que fora muito específico ou pontual para ele.

2. Não leve a avaliação para o lado pessoal

Muitas vezes, donos de pequenos negócios tratam seus empreendimentos como se fossem seus próprios filhos. Por isso, avaliações negativas podem parecer como um ataque pessoal. Você pode ter criado experiências 5 estrelas para 100 estadias sequenciais, porém o sucesso passado não garante o sucesso no futuro. A 101ª estadia pode não ter sido incrível e é um direito do hóspede externar o seu descontentamento. Assim como é um direito da hospedagem responder cordialmente a partir do seu ponto de vista. Contudo, nunca se esqueça: a forma como a réplica será feita é extremamente importante para a imagem da sua marca perante os hóspedes potenciais.

Abaixo alguns exemplos de respostas de anfitriões e colaboradores que provavelmente levam os comentários para o lado pessoal:

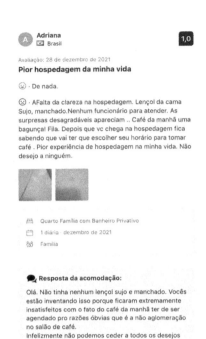

3. Reconheça a insatisfação do hóspede

Como gestores de hospedagens memoráveis, não devemos nos contentar com nada abaixo de cinco estrelas, pois as notas e avaliações refletem diretamente o grau de felicidade que conseguimos gerar nas pessoas. Entretanto, não se esqueça: você está administrando um negócio e, infelizmente, nem todos os clientes vão ficar 100% satisfeitos com seu serviço. É importante controlar as suas emoções, ler atentamente os *feedbacks* e, em sua resposta, reconhecer a má experiência que tiveram.

Mostrar ao hóspede a sua vontade de ver as coisas pela sua perspectiva pode fazer uma enorme diferença na percepção que eles têm sobre você. Isto também atua como uma grande demonstração de ética para hóspedes potenciais, dando-lhes uma prévia de sua hospitalidade, mesmo quando nem tudo sai como planejado.

Se um avaliador pontuou algo que não gostou ao longo da estadia, reconheça isso em sua resposta. Demonstrar a sua empatia é muito importante neste momento.

> **Resposta do hotel:**
>
> Prezado Luis Cesar,
> Muito obrigada por compartilhar seus comentários honestos em relação à sua estadia deste fim de semana conosco. Acredito que, de fato, não fomos capazes de demonstrar nossos padrões usuais de serviço a você e que uma cadeia de 'acontecimentos infelizes' prejudicou sua experiência geral. Aceite minhas sinceras desculpas por isso. Se você não se importasse de entrar em contato comigo diretamente, adoraria a oportunidade de tentar consertar as coisas.
> Atenciosamente,
>
> Gerente Geral

Booking.com

4. Assuma a responsabilidade

Um hóspede que passou por uma experiência negativa não quer ouvir desculpas. Responder à avaliação de maneira defensiva ou confrontativa não é uma tática recomendável. Mesmo que os problemas não tenham sido sua culpa (ex.: instabilidade na internet) você deve manter o terreno moral elevado. Quando se trata de responder às avaliações, você deve considerar uma abordagem centrada no cliente.

Enquanto assume a responsabilidade pela experiência do cliente, continue a reforçar os padrões de qualidade de sua empresa e a infeliz casualidade daquele acontecimento. Você deve estar disposto a ouvi-los e garantir que isso não volte a acontecer.

5. Se necessário, forneça uma explicação

Dependendo da experiência do cliente e do tipo de reclamação que eles estão relatando em sua avaliação, uma explicação pode ser uma boa estratégia. Por exemplo, se a avaliação ruim fosse resultado da baixa qualidade do serviço prestado em algum ponto de contato da hospedagem, fornecer ao hóspede uma explicação de onde as coisas deram errado, não seria uma má jogada. Todas as empresas cometerão erros em algum momento de sua existência, e ao dar-lhes essa clareza sobre onde as coisas deram errado, você está mostrando-lhes um lado humano para a sua acomodação.

Quando for dar uma explicação, tenha estas premissas em mente:

- Não justifique o que aconteceu; explique o que aconteceu. Há uma diferença. Você não quer soar como se estivesse arranjando uma desculpa. Ao invés disso, esclareça por que os erros ocorreram;
- Não deixe de pedir desculpas. Enfatize que você está "arrependido" mesmo que tecnicamente não esteja errado. Seus hóspedes têm o direito de sentir o que sentem;
- Ofereça ações alternativas para consertar as coisas em uma próxima estadia.

Um bom exemplo de resposta para o comentário do hóspede que relatou dificuldades com a internet seria:

"Muito obrigado por reservar um tempo para nos dar seu *feedback*, Gustavo. Tenha a certeza que ele possui um valor inestimável para nós. Primeiramente gostaríamos de pedir as mais sinceras desculpas pelo ocorrido. Realmente houve uma instabilidade no provedor de internet durante a sua estadia, causada pela chuva torrencial que caiu sobre a cidade no último fim de semana. De maneira geral, nosso Wi-Fi tende a ser extremamente rápido, mas devido a esse acontecimento, desta vez não conseguimos prover a experiência de conexão que também consideramos adequada. Neste momento, o sinal já se encontra restabelecido e esperamos hospedá-los novamente com uma super conexão".

6. Conduza a situação para fora do ambiente digital

As avaliações *online* são públicas ao extremo. Esta é uma faca de dois gumes no que diz respeito às críticas negativas. Embora uma boa resposta seja crucial, é recomendável lançar uma sugestão sutil para mover a conversa para outro canal privado. Principalmente nas plataformas onde o hóspede pode deixar uma tréplica e alongar a exposição da conversa, como no Reclame Aqui, por exemplo. Afinal, você não quer que todos os usuários sejam testemunhas da interação.

Você pode solicitar diretamente a eles que entrem em contato por telefone ou e-mail. Se for o caso, verifique e forneça seu nome, o gerente geral ou o nome, título e informações de contato direto do responsável pelo atendimento ao hóspede. Ao fazer isso, você está indicando que a experiência deles é importante para você, e está disposto a ouvi-los.

Por fim, mas não menos importante: se neste momento, você se sentir tentado a pedir-lhes que retirem sua avaliação negativa do *site*, não o faça. Seus hóspedes querem se sentir ouvidos, não coagidos. Não lhes pergunte nada que possa acrescentar combustível ao fogo, ou lhes dar munição para instaurar uma crise de imagem sobre a sua hospedagem.

CAPÍTULO 4

DESENHANDO EXPERIÊNCIAS DE HOSPEDAGENS MEMORÁVEIS

AFINAL, O QUE É UMA EXPERIÊNCIA?

"Não vendemos um produto ou serviço, mas sim uma experiência".

Essa é uma das frases mais difundidas atualmente nos departamentos de marketing de grandes corporações nos mais distintos segmentos: de calçados a *smartphones*; passando por *pet shops* e supermercados; até automóveis e eventos.

Decerto não poderia ser diferente, afinal estamos navegando mesmo pela era da experiência, onde a tríade viver, sentir e recordar ultrapassa o arraigado sentimento de posse das gerações passadas. Nesse sentido, evidentemente a indústria da hospitalidade não ficaria de fora. E o melhor de tudo: ela é o pano de fundo dos desejos mais intensos de muitos consumidores.

Um estudo publicado em maio de 2020 por três pesquisadores das universidades do Texas, Pensilvânia e Cornell, nos Estados Unidos, no renomado *Journal Of Experimental Social Psychology* apontou que investir em experiências de vida, como viagens, entretenimento, atividades ao ar livre e comer fora de casa, têm impacto maior na felicidade do que a compra de um novo *smartphone*, móveis caros ou a roupa da moda.

Ainda mais recente, o relatório de viagens sustentáveis da Booking.com para o ano de 2021, indicou que 76% dos brasileiros querem ter experiências autênticas em suas viagens. Inclusive, para 94% desses viajantes, imergir e compreender outras culturas é parte essencial da jornada em um destino.

Experiências são as demandas pujantes de viajantes ávidos por momentos singulares. A sua essencialidade já foi detectada por grande parte dos empreendimentos turísticos e muitos almejam implantar um modelo de pensamento e prática experiencial. Contudo, o grande desafio nesse momento é transformar o ato de hospedar e o serviço de hospedagem em uma experiência memorável.

Essa dificuldade se dá em parte por não se compreender ao certo o que constitui uma experiência no campo da hospitalidade, resultando por sua vez na indisponibilidade de uma metodologia clara e replicável a todo tipo de hospedagem existente.

Para solucionar esse enigmático desafio e projetar as estadias mais incríveis que seus hóspedes já tiveram na vida, começamos respondendo à pergunta mais importante deste capítulo: afinal, o que é uma experiência?

Para tangibilizar em definitivo o que parece ser uma magia oculta dominada apenas por um seleto grupo centenário de *concierges* Les Clefs d'Or, deciframos o enigma a partir da definição mais usual encontrada no mercado: "Experiência é a percepção que os clientes têm de suas interações com uma organização". Este é, inegavelmente, um bom direcionamento para o tema. Entretanto, prefiro um direcionamento mais profundo: "Uma experiência é o resultado da vivência de determinado momento parametrizado pelas expectativas conscientes e inconscientes de um indivíduo".

Pode ser que essa definição não tenha clareado tanto o assunto quanto você estava imaginando, então diminuiremos a complexidade dividindo o conceito de experiência em quatro partes aplicadas ao universo das hospedagens:

A. RESULTADO

Toda vivência é – ao final dela – uma experiência. E a experiência do hóspede será determinada pelo conjunto da obra, ou seja, por todo caminho que ele percorre desde o primeiro ponto de contato com a sua marca até o pós *check-out*. Um erro comum é pensar na experiência de hospedagem apenas a partir do momento em que o indivíduo pisa na acomodação.

Imagine a seguinte estadia: o processo de reserva foi caótico por conta de diversos erros; o *check-in* um tanto quanto robotizado, porém eficiente; a cama *king size* era fantástica, mas a limpeza do quarto deixou a desejar; o café da manhã estava fabuloso, mas o prato do jantar fora servido com coentro, mesmo que a restrição alimentar tenha sido frisada em bom som e mais de uma vez pelo hóspede ao garçom.

Essa experiência em questão será definida pelo resultado dessa vivência, ou seja, pelo saldo final do conjunto de momentos que conceberam essa estadia.

B. MOMENTOS

A segunda parte da premissa de experiência é sobre o poder dos momentos. Durante uma experiência de hospedagem, o hóspede passará por uma série de macro-momentos que, por sua vez, serão compostos por diversos micro-momentos.

Um bom exemplo de macro-momento é o ritual de banho. Pense como esse processo pode ser extremamente prazeroso, lamentavelmente ruim ou até mesmo tão surpreendente que se tornará inesquecível.

Por exemplo: uma caixinha de som à prova d'água dentro do box para o hóspede ouvir a sua *playlist* de música preferida durante o banho pode criar um micro-momento fantástico. Isso é algo que não se encontra na maioria das acomodações. Por outro lado, se o chuveiro não tiver boa pressão ou a temperatura não esquentar adequadamente, esse momento que deveria ser de relaxamento acaba se tornando um pesadelo.

Desvelaremos em detalhes esse conjunto de momentos no capítulo seguinte, uma vez que são elementos fundamentais na jornada da hospitalidade e devem ser pensados, desenhados, testados e aprimorados regularmente para que a união de todos os momentos gerem poderosas percepções positivas e lembranças inesquecíveis na mente do hóspede.

C. EXPECTATIVAS

Para criar uma experiência de hospedagem memorável é imprescindível conhecer as expectativas daqueles que se hospedarão conosco.

Todos os hóspedes possuem expectativas sobre o seu serviço. Essas expectativas são balizadas por diversos fatores, como: reputação e fama da hospedagem; preço pago por noite; as fotos do quarto e demais áreas internas; o histórico de avaliações e comentários; e também pelas vivências passadas em outras experiências de hospedagem.

As expectativas são o ponto de partida para o desenho da estadia de cada hóspede e se constituem de duas maneiras:

Expectativas conscientes

Neste primeiro nível de consciência, o hóspede sabe o que quer e o que espera encontrar com base naquilo que ele reservou. Aqui a palavra-chave primordial é: entrega mínima. E não entenda isso como fazer o menor esforço possível para entregar uma experiência ok para o seu hóspede. Pelo contrário: a entrega mínima é fazer valer perfeitamente as suas promessas de hospedagem durante a estadia.

Se a promessa foi uma acomodação simples e econômica, mas com boa sensação de conforto e café da manhã das 06h às 11h, então cuide para que seja cumprida: o hóspede que chegar às 10:50 espera encontrar a mesma qualidade de café da manhã do que aquele que abriu o salão às 06h. Afinal, essa foi a sua promessa.

As expectativas conscientes estão relacionadas às entregas do campo racional. Tudo aquilo que conscientemente está sendo esperado pelo hóspede. E não se esqueça: se as entregas mínimas não forem realizadas com consistência, de nada adiantará tentar surpreendê-lo com ações de encantamento.

Expectativas inconscientes

Aqui é onde a magia acontece. Nesse segundo nível de consciência, a palavra-chave central é: encantamento. Embora o hóspede tenha um imaginário desenhado sobre aquilo que espera encontrar, paralelamente há também um campo fértil de expectativas inconscientes.

As expectativas inconscientes estão relacionadas às entregas do campo emocional.

A partir de um aprofundamento no perfil do hóspede, buscando conhecer a sua motivação de viagem, gostos e comportamentos, seremos capazes de prover uma série de ações de encantamento que, combinados com a superação das expectativas conscientes, tornarão a estadia inesquecível.

D. INDIVÍDUO

O hóspede, a pessoa, o ser humano: o elemento central de toda atividade turística e de qualquer serviço focado em experiência. Aqui a palavra-chave é: personalização.

Uma hospedagem memorável é aquela que não está apenas focada em hospedar pessoas, mas preocupada genuinamente em tornar a viagem do hóspede memorável.

Cada estadia é uma oportunidade única de fazer da hospedagem um dos principais agentes geradores de lembranças incríveis da viagem daquela pessoa. E para isso, devemos extrapolar as paredes da acomodação: Por que não produzir um roteiro personalizado de lugares para conhecer com base naquilo que o hóspede mais gosta e enviá-lo faltando alguns dias para a sua chegada?

Lembre-se: uma estadia incrível começa muito antes do *check-in*. O verdadeiro início se dá no primeiro ponto de contato entre o hóspede em potencial e a marca de hospedagem.

O primeiro passo para alcançar esse nível de entrega memorável é conhecendo em profundidade o seu hóspede. Uma das melhores maneiras de fazer isso é combinando as ferramentas de ficha de Experiência e social CRM disponíveis no capítulo 5.

"Conheças teu hóspede como a ti mesmo"

Conhecer o hóspede em profundidade é um requisito indispensável para aqueles que desejam implementar uma cultura hoteleira de experiência centrada no cliente. Essa concepção precisa estar dentro de cada um dos atores envolvidos na criação das experiências de hospedagem: do estagiário de recepção ao gerente geral.

Como o próprio nome sugere, cultura é também um conjunto de hábitos e costumes. Na prática, uma das melhores maneiras de implementar cultura em uma hospedagem é por meio da criação de processos. Por via de regra, quando se escuta essa palavra, o senso comum leva a crer que ao estruturar um processo, o objetivo final seja padronizar algo para que, de maneira quase robótica, saia sempre perfeito.

No caso de uma hospedagem memorável, a implementação de processos visa justamente o contrário: personalizar e humanizar cada uma das estadias, mas garantindo que todas tenham autenticidade, constância e superem as expectativas dos hóspedes.

Uma estadia autêntica é aquela na qual o hóspede consegue perceber que aquele momento foi especialmente projetado para ele: da carta de boas-vindas personalizada com o seu nome – e do seu filho pet que o acompanha – à sua cerveja favorita de cortesia no frigobar. A noção de singularidade muda completamente a percepção do hóspede sobre a hospedagem. Afinal, todo mundo gosta de se sentir especial.

Paralelamente, de nada adianta conceber uma estadia autêntica e uma experiência fabulosa para apenas um hóspede em uma única estadia. Todos que se hospedarem ao longo do tempo precisam vivenciar e perceber a personalização. A isso atribuímos a importância da consistência. É dever do gestor de uma hospedagem memorável zelar para que todas as estadias tenham o mesmo nível elevado de qualidade e encantamento.

Uma estadia autêntica e consistente está na direção certa para se tornar inesquecível. Por fim, a cereja do bolo que auxiliará nessa meta é a superação das expectativas. Para chegarmos lá, o *overdelivery* será extremamente recomendável. Muito utilizado por empresas notáveis, o *overdelivery* se caracteriza por entregar mais para o cliente do que aquilo que fora prometido no momento da compra. Quando o hóspede tem essa sensação de receber muito mais do que ele estava esperando, criamos um caminho sem volta para uma experiência de hospedagem memorável atrelada a um alto nível de satisfação.

O Triângulo da Experiência de Hospedagem

A experiência do hóspede tem um impacto maior na lealdade que ele emprega a uma determinada hospedagem do que a reputação que essa mesma marca possui no mercado. É evidente que investir em *Branding*, ou seja, direcionar esforços para a construção e manutenção constante de uma marca poderosa, potencializa consideravelmente a capacidade da hospedagem ser conhecida e desejada pelas pessoas. Entretanto, embora a fama funcione como uma roda de reservas, o combustível que manterá o carro em movimento ao longo do tempo serão as experiências altamente positivas vividas pelos hóspedes.

Uma marca forte gera atração, enquanto uma experiência memorável gera fãs, avaliações fantásticas, recomendações e reservas consequentemente. Como os hóspedes percebem suas experiências com a sua hospedagem afeta como eles percebem também a sua marca e, no final, a sua experiência é um reflexo direto das operações internas e da cultura que você constrói em toda a sua organização.

Para tornar o conceito de experiência no universo da hospitalidade algo ainda mais palpável e operacionalmente aplicável, vamos conhecer o Triângulo da Experiência de Hospedagem. Essa ferramenta nos ajudará a criar estadias incríveis levando em consideração que, para atingir esse objetivo, precisamos desenhar experiências que simultaneamente ajudem o hóspede a alcançar o sucesso em sua viagem, diminuindo o seu esforço e criando fortes conexões emocionais com ele ao longo da estadia.

Alcance do sucesso

Uma hospedagem memorável não está preocupada apenas em superar as expectativas dos hóspedes em relação à estadia vivenciada, mas opera diariamente também como um instrumento ativo para que a viagem – como um todo – seja um sucesso.

Aliás, descobrir o que é sucesso para o seu hóspede é o grande xis da questão. Neste primeiro pilar, devemos buscar antecipar os desafios e perguntas dos clientes de acordo com a sua motivação de viagem para que, em uma segunda etapa, possamos fornecer soluções, respostas, e momentos wow de forma proativa. Trabalhar o sucesso da viagem ajuda a aumentar a sua felicidade.

Vamos entender como isso funciona na prática: suponhamos que Carlos esteja viajando para a cidade de Campina Grande, na Paraíba, com a finalidade de participar como padrinho de uma grande festa de casamento. Ao compreender a motivação do deslocamento desse viajante, o hotel que o hospedará terá a capacidade de auxiliá-lo a alcançar o sucesso nessa jornada.

Nesse caso, o principal objetivo não seria aproveitar o destino, mas sim desempenhar da melhor forma possível o seu papel como padrinho, aproveitando ao máximo a festa de casamento. Para que isso aconteça, Carlos poderá enfrentar algumas barreiras. Nesse momento, entra a proatividade de uma hospedagem memorável na implementação de ações que ajudem a quebrar estas barreiras, diminuindo o esforço percebido pelo hóspede até o alcance do sucesso.

Diminuição do esforço

Ao desenhar a jornada de hospedagem de cada hóspede, conseguimos visualizar as suas necessidades específicas, mesmo que estas não tenham sido indicadas no momento da reserva. No caso de Carlos, por exemplo, existe a probabilidade de que a sua camisa social amasse dentro da mala durante o voo. Oferecer a passagem da roupa, já no momento do *check-in*, é uma ação de encantamento que diminui o esforço do hóspede. Talvez, o hóspede só fosse perceber que a camisa não estava em perfeitas condições no momento de se arrumar para o casamento.

Normalmente, eventos sociais tendem a terminar de madrugada, acompanhados por uma elevada ingestão de bebida alcoólica por parte dos convidados. Tendo ciência deste comportamento padrão, o setor de governança poderia quebrar mais barreiras para o hóspede, disponibilizando água e frutas no quarto, com um recado personalizado.

O cansaço é outra dor comum daqueles que retornam após uma longa noite de festa. Por isso, realizar o *turn down service* deixará o quarto preparado para que o hóspede possa ter uma excelente experiência de sono. Realizar a abertura da cama, fechar as cortinas, ligar a luz em baixa intensidade, posicionar as pantufas ao lado da cama e deixar um chocolate como cortesia, são ações que compõem esse procedimento, quebram barreiras e geram encantamento.

A melhor maneira de diminuir o esforço do hóspede durante uma viagem é antecipando-se às possíveis dificuldades e necessidades que ele possa enfrentar, propondo ações de maneira proativa, criativa e surpreendente. Outro bom exemplo ocorre na Mayin Villa, hospedagem localizada na Península de Maraú. Todos os dias, a equipe de A&B coloca um quadrinho na mesa do buffet de café da manhã, indicando o horário exato do pico da maré alta, facilitando assim a tomada de decisão dos hóspedes sobre os passeios que farão pela manhã, uma vez que a maré influencia diretamente as atividades na piscinas naturais de Taipu de Fora.

Conexões emocionais

As conexões emocionais fazem com que o hóspede se sinta especial. Ao perceber que os colaboradores da hospedagem se prepararam para recebê-lo, os seus sentimentos de felicidade e gratidão automaticamente se elevam. Conexões emocionais tem o poder de aumentar a percepção de acolhimento, pertencimento e bem-estar. As ações de encantamento, como as que foram aplicadas no exemplo acima, são ferramentas importantes para a criação desses momentos de conexão.

Sair do script, ou seja, ir além das expectativas ou até mesmo do imaginável pode construir laços extremamente fortes entre hóspedes e hospedagens. Vamos a um caso emblemático: em 2012, a família Hurn viajou para Amelia Island, Florida, onde passaram um tempo hospedados no Hotel Ritz-Carlton. Ao voltar para casa, Chris Hurn percebeu que Joshie, a girafa de pelúcia do seu filho pequeno, havia sido acidentalmente deixada para trás.

A criança era muito apegada ao brinquedo e praticamente não conseguia dormir sem ele. Para tentar amenizar o problema, o pai inventou uma história. "Joshie está bem", disse ele ao filho. "Ela está apenas tirando umas férias prolongadas no hotel".

Sabendo que por mais que o menino tivesse comprado a ideia e adormecido, a fantasia não se sustentaria por muito tempo.

Mais tarde naquela noite, Hurn conseguiu falar com o Ritz e, para o seu alívio, a girafa havia sido encontrada. Ele explicou ao funcionário o que havia contado para o filho e perguntou se alguém poderia tirar uma foto de Joshie em uma espreguiçadeira à beira da piscina para mostrar ao menino.

Passaram-se alguns dias e a família Hurn recebeu um pacote em sua residência. Dentro dele estava Joshie – junto com um álbum repleto de fotos. Algumas delas mostravam o bichinho tomando sol e dirigindo um carrinho de golfe. Outras flagraram Joshie fazendo massagem e até mesmo conhecendo a sala de monitoramento de segurança do hotel. O casal Hurn ficou perplexo com a ação do hotel e o pequeno, claro, em verdadeiro êxtase. Chris fez um post sobre a experiência da família nas redes sociais que tomou uma proporção viral em pouquíssimo tempo.

Porque todos amaram a história da girafa Joshie? Porque ela supera expectativas e constrói conexões emocionais. Ao desenvolver a experiência de hospedagem para os seus hóspedes, procure encontrar a Joshie de cada uma deles.

Dig-Dig-Joy: um show e uma estadia inesquecível no Rio de Janeiro

Samuel Rosa
8 de nov. – 10 de nov. de 2019
Tropicália RIO

Avaliação geral ★★★★★

Comentário público   Ver resposta ›

Rodrigo e Clóvis foram anfitriões sensacionais. Todos os mimos criados por eles transformaram minha viagem numa experiência sensacional. Certamente quando retornar ao Rio, quero me hospedar com eles novamente. Super recomendado.

Essa viagem ao Rio foi uma experiência incrível. Muito em parte graças a hospitalidade do Rodrigo e do Clóvis. Muito obrigado por transformarem esse experiência em algo sensacional.

No dia 09 de novembro de 2019, Sandy e Junior fizeram o último show da histórica turnê "Nossa História" que marcou o reencontro da dupla após 12 anos afastados dos palcos. Com 16 datas no Brasil, uma nos Estados Unidos e uma em Portugal, os shows dos irmãos acumularam quase 600 mil ingressos vendidos e arrecadaram 120 milhões de reais.

O Rio de Janeiro foi a cidade escolhida para o encerramento dessa que seria a segunda turnê mais lucrativa do mundo naquele ano. Dois desses ingressos foram adquiridos pelo casal paulistano Samuel e Fabrício que escolheram como hospedagem uma das acomodações da La Boutique Studios. Samuel preencheu em nossa ficha de experiência que ambos eram muito fãs de Sandy e Junior e viriam ao Rio especialmente para curtir o show, chegando na sexta-feira e indo embora no domingo.

Sabíamos que essa seria uma grande oportunidade para desenhar uma experiência de hospedagem memorável e contribuir ativamente para que essa fosse uma das melhores viagens que Samuel e Fabrício já fizeram na vida.

Iniciamos o projeto da estadia a partir do levantamento de dados em dois ambientes: interno e externo. Os dados internos são todas as informações que o hóspede fornece no momento da reserva, bem como aqueles que já estão no sistema de gestão da hospedagem provenientes de estadias anteriores caso este seja um hóspede *habitué*. Já os dados externos são coletados por meio de pesquisas *online*.

Uma das melhores estratégias de pesquisa no ambiente digital é oriunda do modelo de social CRM (*social customer relationship management*). Uma de suas vertentes baseia-se em analisar as redes sociais do hóspede em busca de algum elemento que possa ser utilizado para criar um momento wow ao longo da estadia a partir de conexões emocionais. No nosso caso aplicado, identificamos uma foto do casal no Instagram brindando com Toddynho em uma comemoração matutina.

Naquele estágio já conhecíamos a motivação da viagem (assistir ao show de Sandy e Junior) e sabíamos que o sucesso para eles eles seria vivenciar o show de uma maneira incrível. Precisávamos então desenhar a experiência de hospedagem a fim de auxiliá-los a alcançarem o sucesso com o menor esforço possível.

Com os desafios da estadia mapeados, criamos uma jornada dentro da acomodação com seis pontos de contato:

1º ponto de contato: placa de recado

Assim que os hóspedes abriam a porta do apartamento, a primeira visão que tinham era de uma placa de recados na parede com a mensagem: "Dig-dig-joy, dig-joy-popoy, bem-vindos ao Riiiiiio". Uma brincadeira com uma das músicas mais famosas e nostálgicas da dupla.

Objetivo da ação: gerar conexão emocional, surpreender e gerar uma percepção elevada de personalização da estadia já na primeira impressão.

2º ponto de contato: mensagem de boas-vindas

Sobre o balcão da sala, os hóspedes encontravam uma carta de boas-vindas acompanhada com chocolates, desejando um show e estadia memoráveis, além de demonstrar a nossa felicidade em recebê-los no Rio de Janeiro.

Objetivo da ação: gerar conexão emocional.

3º ponto de contato: playlist tocando as melhores músicas da dupla

Por se tratar de um show, a experiência sensorial parametrizada pela audição deveria estar absolutamente presente. Para isso, colocamos uma *playlist* com as melhores músicas de Sandy e Junior sendo reproduzida na Alexa já no momento da chegada dos hóspedes.

Objetivo da ação: gerar conexão emocional e uma percepção elevada de personalização da estadia, aumentando a expectativa para o show.

4º ponto de contato: quiz sobre a carreira de Sandy e Junior valendo prêmios

No quarto do studio, utilizamos o conceito da gamificação: ao lado da cama, os hóspedes encontravam um *link* para acessar um jogo virtual de perguntas e respostas sobre a carreira e história de vida dos irmãos. Esse jogo foi construído na ferramenta Quizizz para ser jogado por meio dos *smartphones* dos próprios hóspedes e planejado para ser um dos momentos de pico da estadia.

Objetivo da ação: entreter os hóspedes e criar um momento wow totalmente inesperado.

5º ponto de contato: capas de chuva e cartão de transporte

Após finalizar o *quiz*, os hóspedes recebiam um comunicado na tela salientando que, dentro da gaveta da sala de estar, havia dois prêmios esperando por eles. Ao abrir a gaveta, se deparavam com um bilhete escrito à mão lhes parabenizando pelos acertos no jogo, além de duas capas de chuva e dois bilhetes de transporte público carregados para ir e retornar ao studio após o show sem preocupação.

Objetivo da ação: quebrar barreiras e diminuir o esforço. O dia estava chuvoso e para chegar até o local do show, os hóspedes precisariam caminhar em áreas descobertas. O acesso ao local também só era possível por meio de transporte público e a compra do bilhete, caso não fosse feita com antecedência, acarretaria obrigatoriedade de entrar em grandes filas. As duas ações visaram facilitar a jornada dos hóspedes quebrando duas grandes barreiras até o sucesso.

6º ponto de contato: open frigobar

Você se recorda do Toddynho que encontramos durante o levantamento de dados externos? Pois bem, ele entrou juntamente com outros itens como água, cerveja e refrigerantes de cortesia para os hóspedes em nosso "open frigobar". Essa é uma ação de encantamento que realizamos em todas as estadias da La Boutique Studios.

Objetivo da ação: o frigobar com itens de cortesia tem como objetivo gerar conexões emocionais e diminuir o esforço dos hóspedes, além de ser um importante elemento da etapa de "alimentar" da jornada da hospitalidade.

CAPÍTULO 5

JORNADA DA HOSPITALIDADE

Se uma hospedagem memorável fosse representada por um corpo humano, certamente a jornada da hospitalidade seria o seu coração. E a sua importância vital se estabelece por um motivo indubitável: essa jornada estará presente em todas as estadias vivenciadas na sua hospedagem, quer você queira ou não. A sua ocorrência é inevitável.

A boa notícia é que, a partir deste momento, você poderá assumir o leme que controla este processo, sendo plenamente capaz de manobrar a jornada, guiando assim a sua hospedagem para a geração de estadias inesquecíveis para os seus hóspedes. De fato, não podemos impedir que a jornada da hospitalidade aconteça, mas podemos – e devemos – planejá-la e controlá-la ativamente desde o primeiro momento.

As cinco etapas que veremos a seguir foram inspiradas na conceituada metodologia chamada "Ritual da Hospitalidade", elaborada pelo professor Geraldo Castelli, referência para o setor da hospitalidade brasileira, além de fundador da primeira faculdade de hotelaria do país, a Escola Superior de Hotelaria Castelli.

Usaremos a terminologia "jornada" ao invés de "ritual", pois dentro da metodologia das hospedagens memoráveis já possuímos um elemento chamado "rituais", o qual estará presente neste capítulo e destacadamente no próximo, fazendo parte da composição do sistema de crenças na construção de uma marca singular de hospedagem.

Com isso, para não confundir os dois conceitos, bem como propor o viés de um caminho a ser percorrido, optou-se por nomear o processo como jornada da hospitalidade. Os nomes originais de cada uma das cinco etapas que compõem a jornada foram mantidos. Entretanto, as estratégias, ferramentas e dinâmicas propostas dentro delas foram totalmente alteradas em seus conceitos e aplicabilidade.

Enquanto as etapas do Ritual da Hospitalidade do professor Castelli são pautadas pela operacionalização de processos tradicionais da hotelaria; a nossa jornada volta seus esforços para a implementação da cultura da experiência em qualquer tipo de hospedagem, a partir da utilização de processos digitais e com foco totalmente direcionado ao encantamento dos hóspedes.

COMO IMPLEMENTAR A JORNADA DA HOSPITALIDADE

Como dito no início deste capítulo, não é possível impedir a ocorrência da jornada de hospitalidade em uma hospedagem. O que ocasiona isso? Muito simples: a jornada é o caminho que os hóspedes percorrem desde o primeiro contato com a sua marca no ambiente digital; passando pela vivência completa da estadia; e finalizando o trajeto no momento do *check-out*.

Todos os hóspedes, de absolutamente todas as acomodações existentes no mundo, obrigatoriamente percorrerão este mesmo caminho. A grande diferença serão as experiências de hospedagem vivenciadas por cada um: a maioria serão regulares, uma boa parte serão consideravelmente ruins e uma pequena parcela serão positivamente memoráveis.

Eu não tenho dúvidas de que você, assim como eu, almeja enquadrar a sua hospedagem sempre nessa última faixa de experiência. Por isso, gerenciaremos cada detalhe do percurso de interação do hóspede com a hospedagem, tangibilizando a sua jornada em cinco atos: receber, hospedar, alimentar, entreter e despedir.

Abordarei a construção dos cinco atos da jornada, apresentando seus momentos, objetivos, ferramentas e aplicações práticas com exemplos do que fazemos na La Boutique Studios, e também desvelando outras boas estratégias de diversas hospedagens ao redor do mundo.

RECEBER

Primeira etapa da Jornada da Hospitalidade, o ato de receber não ocorre quando o hóspede pisa na recepção do hotel ou adentra o apartamento, mas sim, em determinados momentos que antecedem a chegada ao estabelecimento.

Muitas hospedagens acreditam que a sua responsabilidade para com a felicidade do hóspede começa apenas no momento em que ele passa pela porta. Não vou dizer que esse seja um pensamento errado, contudo, na ótica das hospedagens memoráveis, é uma visão limitada.

A jornada do hóspede tem início no seu primeiro ponto de contato com a marca. Portanto, trabalharemos sobre dois momentos específicos neste ato inicial: confirmação da reserva; e desenho da estadia;

Ao final deste ato, espera-se que você alcance os seguintes objetivos para a implementação de uma experiência de hospedagem memorável:

A) Obtenha dados suficientes para traçar o perfil do hóspede;

B) Desenhe uma estadia personalizada com base nos dados obtidos;

C) Inicie o processo de atendimento extraordinário;

D) Receba o hóspede com excelência na hospedagem.

1. CONFIRMAÇÃO DA RESERVA

Por ser o primeiro, esse é justamente um dos pontos de interação mais importantes de uma hospedagem com o seu hóspede. Incoerentemente, na maioria dos hotéis, as respostas às consultas sobre disponibilidade, bem como a mensagem de confirmação da reserva, são também uns dos mais negligenciados no que diz respeito ao encantamento e cuidado com o hóspede.

Os setores de reservas, sejam eles compostos unicamente pelo próprio dono da hospedagem ou por dezenas de colaboradores, devem encarar esse momento como a primeira grande chance de provar ao hóspede que ele fez a escolha certa ao decidir pela sua acomodação. Essa é a oportunidade de deixar claro que essa estadia não será como outra qualquer.

O setor de reservas possui um papel fundamental no encantamento inicial. Além disso, o atendimento durante a reserva, bem como nos momentos intra e pós-estadia devem ser focados em relacionamentos de longo prazo com o hóspede, e não apenas na solução de problemas pontuais. O atendimento de uma hospedagem memorável não é reativo, mas sim proativo.

Como em todo bom início de relação, o nível de atenção e acolhimento deve ser primoroso. O primeiro contato após a efetivação da reserva pelo hóspede é o momento de humanizar o relacionamento e deixar o hóspede seguro em relação à estadia. Faremos isso por meio da mensagem de boas-vindas e da ficha de experiência.

2. MENSAGEM DE BOAS-VINDAS

Independentemente se a reserva for feita instantaneamente por alguma plataforma digital ou diretamente com o setor de reservas da empresa, a mensagem de boas-vindas é um recurso vital que deve ser utilizado pela hospedagem memorável.

A estrutura da mensagem, tom de voz (formal, informal ou humanizado) e vocabulário utilizado dependerão do posicionamento de cada empreendimento. É importante que a mensagem não seja curta a ponto de faltarem informações essenciais, e tampouco excessivamente longa, gerando cansaço no decorrer da leitura.

Evitar grandes blocos de texto também é recomendável. Priorize a estrutura com sentenças menores divididas por seções temáticas. Ícones e emojis ajudam a tornar a mensagem visualmente mais atrativa e de fácil assimilação, contudo devem ser usados com parcimônia e sabedoria.

No exemplo a seguir, você encontrará um modelo de boas-vindas que utilizamos na La Boutique Studios, bem como um roteiro para utilizar de base na construção da sua própria mensagem.

<   Juliana   ...

Rainha 410
Hóspede anterior · 5–8 de mar. de 2022...   Detalhes

Rodrigo 4:57 PM
Wooow! Reserva confirmada, Ju! \O/

Será incrível receber vocês em um La Boutique Studios. Certeza que irão curtir demais a Concept Home e o Rio! 🏠

🏠 Av. Rainha Elizabeth, ▓▓▓▓▓
Copacabana - RJ

📅 Checkin: 05/03 - a partir das 14h
📅 Checkout: 08/03 - até as 11h

🔑 Ao chegar no predio, cadastre-se na portaria. Sua senha exclusiva de acesso na fechadura eletrônica do apartamento serão os 7 primeiros digitos do seu celular: ▓▓▓▓▓▓▓ Basta digitar e apertar "#" para destravar.

😊 Para que possamos proporcionar a melhor experiência de hospedagem de todas, peço que preencha, por gentileza (é bem rápido):

👉👉 https://bit.ly/

Estamos por aqui para o que precisar até lá :)

2.1. ROTEIRO

Use sempre o nome do hóspede na primeira linha

O nome é um elemento de individualização, ou seja, torna a mensagem personalizada. Na La Boutique Studios costumamos utilizar um tom de voz humanizado, lançando mão do apelido ao invés do nome, transmitindo proximidade, porém sem que seja ultrapassado o limite do profissionalismo.

No exemplo, chamamos a Juliana de Ju, mas também deixamos aberta a possibilidade para que ela indique na ficha de experiência a maneira como deseja ser chamada, bem como informe o nome dos demais hóspedes.

Utilizamos também a palavra "WOW" logo na primeira linha, pois a mesma faz parte do universo verbal da La Boutique Studios, sendo uma de nossas palavras sagradas (compreenda em profundidade esse conceito no próximo capítulo).

Reforce a marca de hospedagem e a UH escolhida

Quando o hóspede reserva uma acomodação via OTAs, é comum não memorizar o nome da hospedagem com facilidade, uma vez que são abertos diversos anúncios durante o processo de seleção antes da escolha final.

Reforçar a marca na mensagem de boas-vindas é uma excelente forma de gerar conexão e lembrança por parte do hóspede. No modelo apresentado, dizemos que será um grande prazer recebê-lo em um La Boutique Studios (marca guarda-chuva), bem como temos a certeza que irão adorar a Concept Home (o studio escolhido e reservado por eles).

Caso a sua hospedagem possua uma dinâmica similar contendo, por exemplo, nomes diferentes para cada unidade habitacional, pode-se fazer valer do mesmo sistema para que o hóspede sinta que aquela acomodação em específico o aguarda e será preparada especialmente para ele.

Cite a motivação da viagem caso o hóspede a tenha expressado

Muitos hóspedes gostam de compartilhar no momento da reserva o motivo pelo qual estão viajando. As causas são as mais variadas, de comemoração de aniversário a férias em família depois de um longo tempo sem conseguir conciliar as agendas. Cada hóspede terá uma motivação que norteará a sua viagem e isso é um componente muito importante para ele.

Caso essa informação seja dita por ele ao reservar, reforce o quanto será incrível recebê-lo para essa data especial, repetindo por escrito a ocasião. Essa ação ajuda a intensificar a personalização, além de quebrar a percepção de mensagem robotizada ou copiada e colada para todos os hóspedes.

Corrobore a localização, período de estadia e horários de check-in e check-out

Caso a sua hospedagem esteja localizada em uma região de difícil acesso ou careça de instruções detalhadas para uma chegada tranquila e segura, faça uso desta seção das boas-vindas para indicar o endereço ou melhor caminho para o seu hóspede.

Alguns recursos visuais como um mapa com indicativo de rotas (faça o *upload* da imagem no Google Drive e compartilhe o *link*) ou geolocalização do Google Maps / Waze podem ser inseridas neste momento. Não deixe de reforçar também as datas de *check-in* e *check-out*, bem como os respectivos horários para que o hóspede certifique-se e tenha ciência novamente.

Forneça as instruções de check-in

Esta é uma seção altamente indicada para hospedagens por temporada ou que não possuem recepção, sendo o *check-in* realizado diretamente pelo hóspede (*self check-in*). Descreva o passo a passo do processo, instruindo detalhadamente como o *check-in* deve ser realizado. É fundamental que a explicação seja clara para que o hóspede sinta-se seguro e confortável em relação à sua chegada.

Solicite o preenchimento da ficha de experiência

A ficha de experiência é um importante elemento da metodologia das hospedagens memoráveis e a sua solicitação de preenchimento deve ser feita na mensagem de boas-vindas. Para aumentar a conversão, indique ao hóspede que o processo não tomará muito tempo e demonstre a importância do preenchimento para a construção da experiência de hospedagem que ele vivenciará.

Despeça-se deixando o canal de comunicação aberto

Na última seção da mensagem de boas-vindas, deixe claro para o hóspede que a hospedagem estará disponível para o que ele precisar mesmo antes de sua chegada. Lembre-se que a percepção de valor de uma estadia começa muito antes da chegada do hóspede à acomodação.

3. A FICHA DE EXPERIÊNCIA

Grande parte dos hotéis utiliza apenas a Ficha Nacional de Registro de Hóspedes (FNRH) no momento do *check-in*. Tomando por base esta aplicação, porém trazendo uma nova roupagem a este conceito, uma hospedagem memorável também deve aplicar uma ficha no momento da efetivação da reserva. Entretanto, o objetivo não é obter informações de registro do hóspede, mas sim, coletar dados motivacionais e de expectativa dos viajantes para que seja possível desenhar uma estadia memorável a partir da personalização da jornada de hospedagem.

A ficha de experiência pode ser desenvolvida por meio de ferramentas de construção de questionários *online*, tais como: Typeform e Google Forms. Na La Boutique Studios utilizamos 5 perguntas que fornecem os dados mínimos necessários para os nossos desenhos de estadias. Não há um número máximo de perguntas, contudo, quanto maior for o questionário, menor será a probabilidade de que seja respondido até o final. Após a elaboração, atente-se à usabilidade e tempo total para conclusão do mesmo, realizando testes com alguns usuários antes de disponibilizá-lo aos hóspedes.

A seguir, um modelo de ficha para servir como fonte de inspiração para a elaboração do questionário da sua hospedagem. Adéque-a de acordo com o perfil do empreendimento, proposta de experiência pretendida e necessidades da sua marca.

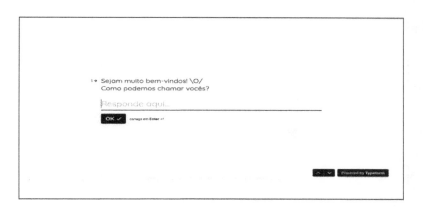

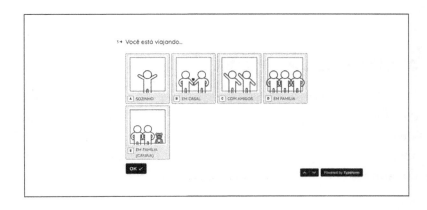

4. DESENHO DA ESTADIA

A ficha de experiência, por ser algo pouco usual na maioria das hospedagens, acaba se tornando um mecanismo que tende a elevar a expectativa do hóspede em relação à estadia. Por isso, após coletar os dados, devemos fazer jus a sua aplicação projetando como será a experiência de hospedagem.

Para isso, utilizaremos o mapa de encantamento. Essa ferramenta é um *framework* que servirá como estrutura para a modelagem individual da estadia de cada hóspede ou grupo de hóspedes. Os dados inseridos no mapa podem ser captados a partir da ficha de experiência; em conversas durante o processo de reserva; social CRM; e também pelo histórico do hóspede proveniente de estadias anteriores caso esta não seja a sua primeira vez no hotel.

Preencha o mapa de encantamento e disponibilize-o para as equipes de todos os setores do hotel. Da recepção aos encarregados pela manutenção, é fundamental que qualquer colaborador com algum grau de contato com o hóspede durante a estadia possa ter acesso às informações contidas no mapa.

Esse compartilhamento de informações com todas as equipes envolvidas tem um objetivo elementar: empoderar o colaborador para que ele detenha os recursos necessários para encantar o hóspede, a partir da criação de momentos WOW.

Esses momentos podem (e devem) ser estruturados antes da chegada do hóspede. Entretanto, muitas oportunidades de encantamento surgem espontaneamente ao longo da estadia e, ao ter acesso prévio às informações, o colaborador terá mais insumos para criar esses momentos, seja na sugestão de alguma ação não planejada ou em um simples "Parabéns pelo noivado" falado pelo assistente de manutenção ao entrar rapidamente no quarto para trocar uma lâmpada queimada.

No Sofitel Luxury Hotels, uma das bandeiras de hospitalidade de luxo mais incríveis do mundo, há um lema entre os seus embaixadores (como são chamados os funcionários do hotel): se você tiver a oportunidade de surpreender o hóspede, por mais simples que possa parecer o gesto, surpreenda-o. Essa premissa de encantamento é tão importante para o Sofitel que integra oficialmente a cultura da marca e tem até mesmo um nome próprio: Cousu Main, ou traduzindo, "feito à mão".

Os embaixadores do hotel são estimulados a criarem frequentemente esses momentos personalizados, quase artesanais, e são regularmente recompensados caso o hóspede faça uma avaliação citando a ação empreendida.

Os campos que irão compor o mapa de encantamento da sua hospedagem dependerão dos dados coletados e da necessidade de informações que você e sua equipe necessitam para criar uma experiência de hospedagem memorável.

Abaixo, um modelo de mapa para servir de inspiração.

Mapa de Encantamento ♥
UH: Estadia:

Hóspedes:

Motivação:

Checkin:

1ª vez na cidade:

O que gosta de fazer:

O que gosta de comer:

O que quer conhecer:

Pedidos Especiais:

Observações:

Ações:

> "Quando uma hospedagem compreende o poder da consistência e da constância, ela se torna uma fábrica de estadias memoráveis".

HOSPEDAR

Após a reserva confirmada, um primeiro contato impecável com o hóspede e o mapa de encantamento preenchido, encerra-se o planejamento da etapa de receber e todas as atenções podem ser voltadas para a segunda e mais importante etapa: a de hospedar. Esse é o grande momento da verdade de uma experiência de hospedagem memorável.

Em gestão de serviços, o momento da verdade ocorre toda vez em que há uma interação importante entre um cliente e o prestador de serviços, podendo resultar em uma impressão duradoura, seja ela positiva ou negativa para quem vivenciou a experiência. Na indústria da hospitalidade, há um mínimo de vinte ou trinta momentos da verdade durante a estadia de um hóspede.

A quantidade de momentos dependerá do tipo da hospedagem, tamanho do empreendimento e formato de atendimento. Em um *resort* com centenas de colaboradores, por exemplo, haverá muito mais pontos de contato cruciais durante a estadia do que em um *camping* onde o hóspede vivenciará uma jornada de maneira mais autônoma.

Durante a etapa de hospedar, os momentos da verdade iniciais em um pequeno hotel tradicional incluem (mas não se limitam) a: chegada à portaria e primeiro acesso ao *lobby*; boas-vindas do recepcionista, processo de *check-in*; condução do hóspede à unidade habitacional e breve apresentação das instalações; primeiras interações independentes e consequentes percepções do hóspede sobre a acomodação.

A diferença de uma hospedagem memorável para uma hospedagem comum está no planejamento minucioso de cada momento da verdade que será vivenciado pelo hóspede ao longo de sua jornada. Para que a experiência seja inesquecível, devemos pensar na etapa de hospedar não apenas como o momento da entrega operacional, mas sim, como se estivéssemos realizando a criação e realização de uma verdadeira peça de teatro.

A teatralização de uma hospedagem memorável

Alcançar a excelência de gestão da experiência de hospedagem proporcionada aos hóspedes é algo bem mais complexo do que parece. Entregar uma estadia memorável pode soar difícil em um primeiro momento, porém fazendo uso da metodologia adequada e empenhando-se tanto quanto necessário, é totalmente possível.

Quando uma hospedagem compreende o poder da consistência e da constância, ela se torna uma fábrica de estadias memoráveis. E é justamente a partir deste momento que as experiências começam a se tornar inesquecíveis para todos os hóspedes.

Uma hospedagem consistente é aquela que consegue prover excelência e superar as expectativas em todas as suas estadias. Já a constância está relacionada a entrega dessa excelência ao longo do tempo. Correr 9 horas ininterruptas em um único dia não fará de ninguém um maratonista, mas treinar por 45 minutos, todos os dias, durante 1 ano e com o plano correto, certamente tornará o objetivo muito mais palpável e os resultados absolutamente mais satisfatórios.

Estadias de excelência para um público cada vez mais exigente devem atingir o hóspede em quatro dimensões – física, racional, emocional e espiritual. Para isso, devemos pensar em todos os pontos de contato com o hóspede considerando sobre como cada interação elevará ou diminuirá essas quatro percepções.

Chegar à recepção do hotel após um voo cansativo e ainda ter que enfrentar uma longa fila para fazer o *check-in*, certamente irá afetá-lo negativamente nas dimensões físicas e emocionais. Porém, uma recepção calorosa com sorriso no rosto do *guest relations*, acompanhado de um drink enquanto espera confortavelmente a fila esvair no lobby, pode fazer do que seria um ponto de contato, uma primeira interação incrível.

Uma forma interessante de projetar a dinâmica de hospedagem e alcançar um elevado nível de experiência é fazendo-se valer da teatralização da operação. Proporcionar uma estadia memorável tem muito em comum com a produção e execução de uma boa peça de teatro. Se você já assistiu aos icônicos espetáculos da Broadway ou de grandes companhias ao redor do mundo, certamente voltou para casa maravilhado.

Uma hospedagem memorável busca gerar o mesmo efeito de fascínio produzido pela dramaturgia. Vejamos no que a hospitalidade e o teatro se entrelaçam e como podemos aplicar o conceito dentro de uma operação hoteleira.

Ambas dinâmicas podem ser divididas entre palco e bastidores. No palco temos a experiência se desenvolvendo para a plateia, que pode ser passiva, apenas assistindo ao show (como na maioria das peças de teatro), ou ativa, dependendo do perfil da peça, em um processo de coprodução, como nos shows de *stand up comedy* conduzidos por humoristas.

Em uma hospedagem, a plateia é, logicamente, formada pelos hóspedes. Dada a natureza e profundidade das interações que ocorrem ao longo de uma estadia, o espetáculo da operação ocorre com uma plateia extremamente ativa e com alto grau de influência direta no resultado final. A ficha de experiência, o mapa de encantamento, o triângulo da experiência de hospedagem, bem como as demais ferramentas vistas ao longo deste livro, auxiliam na construção do reconhecimento desses espectadores não passivos. Algo que se estabelece como imprescindível para o sucesso do show.

Qualquer grande espetáculo que se preze possui bons atores. O ator é a pessoa responsável por interagir com a plateia, desempenhando o papel que fora estabelecido previamente em um roteiro, geralmente escrito por um roteirista, que não é o próprio ator.

Um bom ator estuda, compreende e ensaia repetidamente esse roteiro. Entende a função, as características de seu personagem, o seu contexto e principalmente o seu papel para o perfeito desenrolar da narrativa.

Em uma hospedagem memorável, os atores serão todos aqueles em que as suas funções propiciem interações com os hóspedes (a plateia) no palco. Assim como os atores do teatro, os colaboradores também precisam de um roteiro bem escrito. A diferença é que em uma hospedagem, o espaço para o improviso precisa ser maior, uma vez que a constante interação com a plateia criará situações em que o recurso se fará necessário.

Por outro lado, até mesmo possíveis situações de improviso devem ser pensadas previamente para que possam estar alinhadas ao padrão de atendimento preestabelecido pela marca de hospedagem. O bom profissional procura estudar previamente, além de analisar características de personalidade do hóspede nos primeiros minutos dos momentos da verdade, para saber qual roteiro usar.

O que absolutamente deve ser evitado é a criação de um roteiro diferente para cada hóspede. Outro ponto fundamental é relativo à seleção dos colaboradores ideais para seus respectivos papéis: no teatro, um ator é escolhido para assumir determinado papel, pois se encaixa no perfil adequado. Em uma hospedagem, não faz sentido colocar um colaborador introvertido como capitão porteiro ou atrás do balcão da recepção.

Com exceção dos monólogos, a maioria das peças possui vários atores, que interagem na construção da história (e da experiência final), por isso é importante que conheçam todo o roteiro, e não apenas as suas próprias falas. Criar um contexto onde cada colaborador entenda a importância do seu papel, mas também entenda como todos os demais atores contribuem para a experiência final do hóspede é uma estratégia preciosa.

Nos bastidores, encontramos todos aqueles que não interagem diretamente com o hóspede, mas que são fundamentais para o resultado final, como departamento de pessoal, finanças e contabilidade, almoxarifado, limpeza, governança, cozinha e diversas outras funções vitais para que o operacional aconteça com perfeição.

A junção dos profissionais de bastidores com todos os atores dão corpo ao elenco da hospedagem. Um elenco integrado é fundamental para o sucesso da entrega de uma experiência memorável.

O roteiro, por sua vez, tem que ter coerência, e ser planejado com muita atenção e detalhamento de processos. Decorre de um bom entendimento sobre a jornada do hóspede por dentro da hospedagem – seja ela apenas um apartamento por temporada ou o majestoso Solar da Águas, o maior resort do Brasil em número de quartos (1 mil suítes), localizado em Olímpia, cidade a cerca de 430 km de São Paulo.

Lembre-se que uma boa história deve ser estruturada com início, meio e fim, entregando as quatro dimensões de estímulos (físico, racional, emocional e espiritual) a depender do roteiro escrito para cada colaborador.

O cenário adequado e um bom cenógrafo (arquiteto, designer de experiência etc.) permitem criar o ambiente adequado para a entrega de uma estadia consistente. Uma peça pode ter vários cenários, de acordo com o momento do roteiro, e o mesmo vale para uma hospedagem. Estacionamento, jardim, ambientes de entrada, lobby, recepção, quartos, área da piscina, bares e restaurantes, e todos os demais cenários que compõem a infraestrutura devem ser pensados e operados separadamente, porém integrando-se à experiência como um todo.

Planejar como o hóspede deverá se sentir e interagir com cada cenário contribuirá incontestavelmente para a percepção de valor ao final da estadia. Realize periodicamente uma observação não participante, ou seja, sente-se em um lugar discreto de algum cenário da hospedagem e analise – sem nenhuma intervenção – como os hóspedes estão se relacionando com este cenário e com os colaboradores que estão atuando nele, naquele momento.

De acordo com o roteiro escrito, o que está funcionando bem e o que poderia ser melhorado? Anote, reescreva o roteiro, e compartilhe com os seus atores.

O figurino ajuda a dar vida e construir a imagem dos personagens, tornando a história ainda mais envolvente. No contexto das hospedagens, entramos aqui no campo dos uniformes, enxovais dos salões de bares e restaurantes, bem como das fundamentais roupas de cama e banho.

A trilha sonora é outra ferramenta sensorial muito utilizada pelo teatro e que pode ser aplicada em diferentes cenários da hospedagem, ajudando a criar a ambientação e a emoção desejada.

O mesmo vale para os aromas personalizados que estimulam os sentidos olfativos. Dicas sobre a implementação de recursos sensoriais podem ser encontradas no manual de encantamento disponível no último capítulo.

Por fim, toda boa peça precisa de um excelente diretor. A sua função é integrar o trabalho de todos os profissionais e garantir que a experiência de hospedagem seja memorável. O bom diretor sabe explorar as potencialidades dos atores, instruindo, e ajudando-os a entrar no papel.

ALIMENTAR

A terceira etapa da jornada da hospitalidade diz respeito à alimentação dos hóspedes dentro e fora da hospedagem. Comer e beber são atividades que todos os viajantes fazem. Por que apenas servir uma refeição, quando você pode servir uma memória?

Mesmo que a sua acomodação não possua estrutura para serviços de alimentos e bebidas, tais como bares e restaurantes, ainda assim a experiência do hóspede pode ser memorável com a utilização de tecnologia e ações de criatividade nesta etapa.

Certamente você já ouviu ou até mesmo falou aquela divertida frase em alguma oportunidade fora de uma hospedagem: "Nossa, esse café da manhã está tão bom que parece até de hotel". É exatamente esse o impacto inconsciente de memória afetiva que a gastronomia gera nas pessoas ao longo de uma estadia.

A propósito, o café da manhã é um elemento tão importante na jornada de hospitalidade, que inúmeras vezes pode ser o fator decisivo na tomada de decisão sobre reservar ou não uma acomodação. Acredite: investir em um café da manhã excepcional, registrando-o em imagens que elevem a sua apresentação e aumentem o desejo, pode elevar consideravelmente a sua taxa de ocupação.

Um estudo da *Cornell University School of Hotel Administration*, analisou mais de 9 mil avaliações *online* de meios de hospedagem do mundo todo com o objetivo de identificar quais os fatores mais influenciam as opiniões dos viajantes durante uma estadia. O café da manhã foi citado em quase 50% dos relatos dos hóspedes. E o mais impressionante: foram 1.049 menções diretas positivas e 1.414 menções diretas negativas. Esse resultado significa que quase 30% de todas as avaliações analisadas mencionaram diretamente o café da manhã como um elemento decisivo na percepção da experiência de hospedagem como sendo boa ou ruim.

Há o senso comum de que um café da manhã memorável de hotel precisa ter variedade e sabor incrível. Contudo, na era digital e da experiência, a forma de apresentação não apenas do café da manhã, mas de todos os produtos que envolvam alimentos e bebidas, vem se tornando uma ferramenta poderosa de conteúdo e diferenciação em muitas hospedagens.

Um bom exemplo da gastronomia como produto de inovação pode ser visto nos cafés flutuantes. Grande sucesso nos hotéis das Maldivas consiste em servir o desjejum para os hóspedes em uma grande bandeja flutuante dentro da piscina. Essa maneira inusitada de degustar a primeira refeição do dia gera espontaneamente uma grande quantidade de fotos e vídeos postados nas mídias sociais pelos próprios hóspedes, tornando o hotel cada vez mais conhecido e desejado.

No Brasil, alguns hotéis também implementaram o café flutuante como uma de suas entregas na etapa de alimentar da jornada de hospitalidade. Entre eles, temos o Pedras do Patacho, em Porto das Pedras (Alagoas), o Porto de Galinhas Resort e Spa, em Ipojuca (Pernambuco) e o Carmel Taíba, em Taíba (Ceará).

A forma de apresentação "instagramável" dos produtos na hotelaria pode elevar também os resultados financeiros da empresa. Em um clássico estudo de padrão de consumo alimentar, pesquisadores deram brownies a três grupos de participantes. Os brownies eram exatamente os mesmos, mas apresentados de maneiras diferentes:

- O grupo nº1 recebeu o brownie em um belo prato de porcelana;

- O grupo nº2 recebeu o brownie em um prato de papel;
- O grupo nº3 recebeu o brownie em um pedaço de guardanapo.

Os pesquisadores então perguntaram aos participantes quanto eles pagariam por cada brownie. O grupo nº 1, que recebeu o doce no prato de porcelana, teria pago US$ 1,27. Já o segundo grupo, do prato de papel, teria pago 76 centavos. Por fim, o último grupo, que recebeu o brownie em um guardanapo, teria pago somente 53 centavos. Isso se dá por diferentes correlações que o nosso cérebro faz no momento do consumo: primeiro comemos com os olhos, depois com o olfato e somente ao final, com a boca.

Avalie como está a apresentação de todos os elementos gastronômicos da sua hospedagem, do café da manhã ao frigobar, pois os mesmos impactam profundamente a experiência e os resultados do seu negócio.

Os hotéis gourmet e a gastronomia como estrela da experiência

A comida move multidões todos os anos. Para muitos, conhecer a gastronomia do destino é o principal fator motivacional para embarcar de cabeça, corpo, alma e estômago em uma viagem.

Segundo uma pesquisa da Booking.com, realizada em 2018 com mais de 52.000 viajantes globais, 7 em cada 10 brasileiros (71%) escolhem o seu próximo destino com base nas ótimas comidas e bebidas que oferecem. Já a *World Food Travel Association* indica que 93% dos viajantes criam memórias duradouras e carinhosas com base em suas experiências com a gastronomia de uma localidade.

Os distintos produtos alimentícios e bebidas locais, a história culinária e a hospitalidade são a base do caráter de uma região, e é isso que atrai os visitantes e que transforma também os residentes locais em embaixadores apaixonados por suas localidades.

Nessa perspectiva, novos tipos de hotéis vem surgindo, como é o caso dos hotéis gourmet. Visando atender a essa demanda de viajantes e também moradores amantes dos sabores locais, essa modalidade de hospedagem oferece a seus hóspedes a união entre um ambiente aconchegante para o descanso, aliado a possibilidade de desfrutar de uma experiência gastronômica memorável.

Um bom exemplo de hotel gourmet é o Bendito Cacao Resort e Spa, em Campos do Jordão (SP), idealizado pela marca de chocolates Cacau Show e administrado pela Txai Resorts. A proposta é que o fruto cacau seja a temática que permeia toda a experiência vivida no empreendimento.

A gastronomia é sem dúvida o ponto de partida. Já no lobby do hotel, os hóspedes podem degustar o mel de cacau, bebida extraída do fruto e que mistura doçura e acidez. No restaurante principal, a matéria-prima do chocolate aparece em diversas preparações no café da manhã e nas refeições doces e salgadas, combinadas com ingredientes dos pequenos produtores locais, como queijos, azeites e pinhão. Na Cave, uma espécie de adega, restaurante e pizzaria, são ministradas aulas de harmonização de chocolates com vinhos.

Como a Cacau Show é patrocinadora oficial do *reality* culinário Masterchef, o Resort também possui uma cozinha aberta inspirada no programa, na qual os hóspedes podem testar as suas habilidades e criarem suas próprias sobremesas. Para as crianças, o Bendito Cacao promove atividades como oficinas de brigadeiro.

Na área de relaxamento, o hotel também possui um spa com banheiras de hidromassagem, ofurôs, saunas e salas de tratamento. Até aqui o fruto temático está presente, uma vez que as massagens são feitas com manteiga de cacau e as esfoliações, com a casca da iguaria.

Trabalhar a gastronomia e oferecer sabores diferenciados é uma forma de atrair e fidelizar os viajantes. Porém, é muito mais que isso, pois também é uma maneira de aproximar o seu empreendimento do público local, ou seja, os apreciadores da boa cozinha que residem na região onde o hotel está inserido.

Esse tipo de estabelecimento oferece experiências diferenciadas a seus clientes, quando apresenta cafés da manhã especiais; envolvimento com processos de plantio, colheita e produção; além de refeições que conquistam o público pelo paladar, proporcionando momentos agradáveis e de muito prazer.

Para isso, um hotel gourmet deve direcionar suas ações seguindo quatro pilares:

Valorização dos ingredientes e da comida local

Um grande desafio no turismo gastronômico é manter a autenticidade da culinária local. Proporcionar uma experiência alimentar autêntica aos visitantes, protegendo o patrimônio local através dos ingredientes são dois dos objetivos principais dos hotéis gourmet.

A globalização continua a crescer, o que gera um grande impacto no turismo gastronômico. Por um lado, esse avanço pode gerar benefícios para as áreas locais, já que opções insumos que antes não estavam disponíveis agora podem estar mais facilmente ao alcance. Isto pode introduzir novos alimentos, bebidas ou estilos de refeição para os residentes de uma área. Por outro lado, a globalização pode ter o efeito de diluir, substituir ou alterar a comida, bebida e tradições gastronômicas locais.

Outro ponto importante no cardápio da sua hospedagem está em valorizar e oferecer os insumos locais, ou seja, produtos típicos da sua região e que são difíceis de serem encontrados pelos viajantes em suas cidades de origem. Todo local possui uma culinária própria, que pode e deve ser valorizada.

A valorização regional pode ser realizada a partir da agricultura familiar, ou seja, pessoas que vivem e tiram no campo o seu sustento. Normalmente essas famílias trabalham com produtos de excelente qualidade, cuidando para evitar a toxicidade dos alimentos e com muita satisfação em atender aos clientes e turistas que os visitam.

Dicas aplicadas

A) Se você ainda não conhece detalhadamente as comidas típicas da sua região, é hora de buscar essa informação, pois elas podem trazer faturamento para o seu hotel;

B) Faça visitas aos produtores locais para conhecer insumos da sua região e como você pode incluí-los em seu cardápio; Estabeleça parcerias com esses produtores; Utilize os insumos sazonais com a finalidade de valorizar a gastronomia local;

C) Utilizar os produtos plantados e criados por esses agricultores é valorizar a região; Comunique ao seu hóspede a valorização que o seu hotel dá para a região, destacando aspectos locais, respeito aos parceiros, a cultura da região, a sustentabilidade, entre outros fatores, fazendo com que ele no momento de experimentar e saborear os produtos caseiros sinta parte da experiência e perceba o valor agregado ao que está sendo consumido.

Sensorialidade

Certa vez, navegando pelo *site* Hotelier News, li uma frase do gerente de A&B do Buona Vitta Resort Spa Gramado, Christian Mansfeld, sobre o novo posicionamento que seria implementado no Resort no curto prazo: "O A&B é a alma do hotel. Nosso desafio é fazer com que os hotéis respirem gastronomia desde o momento em que o hóspede chega. É o cheiro do café no lobby, o aroma de pizza no restaurante, com aquele sentimento acolhedor que abre o apetite".

O que Mansfeld está trazendo para o Buona Vitta, na cidade de Gramado, é a perfeita ativação da sensorialidade na hospedagem a partir da gastronomia. Ao trabalhar com os elementos de visão, audição, tato e paladar ao longo da jornada do hóspede, um hotel gourmet consegue elevar essa conexão da gastronomia com a hospedagem, fazendo com que o hóspede vivencie uma experiência imersiva.

Dicas aplicadas

D) Aguce as sensações e o apetite dos hóspedes por meio dos cinco sentidos humanos;

E) Ofereça um *welcome* drink como cortesia no *check-in* dos hóspedes;

F) Crie uma vendinha de produtos regionais para venda em um local de destaque. Utilize QR Codes para trazer mais informações e contar histórias sobre os produtos, bem como sobre quem os produz diariamente;

Cozinha autoral

A cozinha autoral é aquela em que o chef desenvolve pratos únicos, que combinam sabores diferenciados e chamam a atenção do seu público. A possibilidade de criar pratos exclusivos do seu hotel é uma oportunidade singular de atrair clientes da sua cidade e turistas que já saborearam e desejam repetir a experiência.

Dicas aplicadas

G) Conheça os diversos sabores da sua região e combine-os, identificando aqueles que podem fazer muito sucesso em seu café da manhã, lanches, almoço e jantar;

H) Crie uma agenda de workshops e degustações, onde os hóspedes poderão colocar a mão na massa e aprender a preparar os pratos que eles comem nas refeições, ensinados pelo próprio chefe da hospedagem;

I) Produza conteúdos para as mídias sociais destacando os pratos e, principalmente, a imagem do chef e da equipe de cozinha. Transforme-os em verdadeiras estrelas digitais às quais as pessoas precisam ver ao vivo e experimentar as criações gastronômicas.

A MUDANÇA NO COMPORTAMENTO ALIMENTAR DO CONSUMIDOR

A pandemia do novo coronavírus trouxe mudanças significativas no comportamento humano, pois a partir da percepção do quanto somos vulneráveis e de como tudo pode acontecer em tão pouco tempo, novos valores surgiram.

As pessoas perceberam que é preciso diminuir o ritmo na busca pelas conquistas, para viver aquelas que já foram alcançadas, e passar momentos de alegria e prazer com as pessoas próximas se tornou extremamente importante.

O contato e a vontade de convivência com a natureza também se intensificaram, e a busca pela harmonia e tranquilidade passaram a fazer parte dos planos de muitas famílias. Neste contexto, dois movimentos cresceram em todo o mundo e podem ser implementados nos hotéis gourmet. São eles:

Slow food

Desde 1986, o jornalista italiano Carlo Petrini vem propagando a ideia e o hábito do *slow food*. Traduzido para o português, a expressão significa: comer devagar, sem pressa.

A ideia é a de combater o *fast food*, onde tudo precisa ser rápido e mecanizado. Ao contrário, esse novo formato tem por objetivo: comer conscientemente; sentir o sabor dos alimentos; ter prazer de se alimentar e alimentar-se com qualidade.

O trabalho de Petrini ganhou força e hoje possui apoiadores em mais de 150 países. Muitas pessoas estão aderindo à campanha para que as refeições sejam momentos bons, prazerosos e nutritivos.

O movimento Slow Food se preocupa com: a qualidade dos alimentos; o tempo correto para colhê-los; a maneira de prepará-los; os processos – como são desenvolvidos, com o devido respeito à natureza e na preparação dos pratos.

Seu hotel pode apresentar esse modelo, assim a refeição deve ser saboreada com calma e tranquilamente, podendo o hóspede apreciar cada minuto desse processo, que muito além de nutritivo, é uma vivência marcante.

Slow travel

Outra tendência que cresce e vem ganhando força é o *slow travel*, ou seja, viagens lentas. As pessoas estão percebendo que se tornaram dependentes da vida apressada, onde as respostas precisam ser imediatas em função da pressão e cobrança pela produtividade. Inclusive as viagens também entraram nesse ritmo, onde o turista visitava várias atratividades e lugares num curto espaço de tempo.

O *slow travel* sugere que as viagens sejam menos cansativas e que não há a necessidade de se visitar todos os pontos turísticos da região, como se fosse cumprir um itinerário que precisa ser vencido.

A ideia é aproveitar ao máximo os momentos oferecidos em determinado local, de forma sustentável, vivendo as experiências sem a necessidade de um roteiro rígido, que não abra espaço para aquilo que se deseja fazer.

Seu hotel pode aderir a esse movimento, criando momentos agradáveis no próprio estabelecimento ou através de parceiros locais, que possam contribuir para experiências inesquecíveis e que proporcionem o prazer de desfrutar a localidade sem pressa.

A ETAPA DA ALIMENTAÇÃO NAS HOSPEDAGENS QUE NÃO OFERECEM ALIMENTAÇÃO

Pode parecer impossível trabalhar esta etapa da jornada caso a sua hospedagem não tenha estrutura de A&B ou tampouco ofereça qualquer serviço do tipo em suas dependências, como é o caso dos apartamentos por temporada e Guesthouses.

Porém, a boa notícia é que hoje, com auxílio da tecnologia, comunicação e muita criatividade, é absolutamente possível trabalhar aspectos da alimentação sem que seja preciso servir refeições aos hóspedes.

Na La Boutique Studios, por exemplo, trabalhamos esta etapa de diversas formas, desde um frigobar recheado com itens gratuitos disponíveis em todas as estadias; passando por cafés especiais de pequenos produtores da serra fluminense ao invés dos cafés de mercado comumente deixados – ou esquecidos – nos apartamentos; até uma página exclusiva para os hóspedes dentro do *site* com uma seleção singular dos melhores bares e restaurantes da cidade, além de sugestões do que experimentar em cada um deles.

Se você mora em uma região onde a culinária regional é um elemento que atrai pessoas, coloque um pequeno kit gastronômico de boas vindas para o seu hóspede. Se a sua acomodação não serve refeições, mas disponibiliza estrutura de cozinha, crie um livro de receitas físico ou digital com receitas típicas que os hóspedes possam preparar e, de quebra, levar o conteúdo de recordação.

A Pousada Vila da Barra, em Boipeba (BA), oferece um ótimo café da manhã, porém não possui serviços de almoço e jantar. Naturalmente, os hóspedes precisarão fazer estas refeições em outros estabelecimentos. Para quebrar essa barreira, diminuir o esforço dos hóspedes e fazer de um limão uma limonada, a Vila da Barra entrega, no momento do *check-in*, uma pulseira e um guia digital muito bem produzido. Ao abrir o arquivo, os hóspedes se deparam com uma lista de restaurantes parceiros que dão descontos e benefícios apresentando a pulseira no local.

ENTRETER

A penúltima etapa da jornada da hospitalidade compreende os momentos de entretenimento do hóspede durante a viagem. Uma hospedagem memorável, por menor ou mais grandiosa que seja a sua estrutura, deve preocupar-se constantemente em entreter o seu hóspede dentro e fora da acomodação.

Quando as pessoas viajam, elas não querem se hospedar em um lugar onde se sintam em casa, mas sim em um lugar muito melhor, no sentido de desconectá-las de suas atividades cotidianas. O entretenimento possui um importante papel nessa missão.

De acordo com o dicionário Michaelis, entretenimento é um substantivo masculino que significa: 1. ato ou efeito de entreter-se e 2. o que entretém ou diverte; passatempo. O ser humano, de maneira geral, ama se divertir, e a sua hospedagem pode ser um grande agente de entretenimento durante a viagem do hóspede.

Existem alguns tipos de hotéis que possuem a sua essência fundamentada na oferta de atividades de lazer. É o caso dos resorts. Segundo o Ministério do Turismo, o resort se caracteriza por um Hotel com infraestrutura de lazer e entretenimento que oferece serviços de estética, atividades físicas, recreação e convívio com a natureza no próprio empreendimento.

Atualmente no Brasil, encontramos muitos empreendimentos enquadrados nesta tipologia. A maioria deles oferecem tantos atrativos de entretenimento que acabam se tornando o objetivo de consumo da viagem. Sendo mais importante que o próprio destino em si, uma vez que muitos hóspedes não saem do empreendimento em momento algum durante a viagem.

Um dos resorts mais famosos e concorridos do país é o Le Canton, em Teresópolis (RJ). O hotel é composto por duas alas de hospedagem, a Village e a Magique, ao lado de um gigante complexo de entretenimento, o Canton Ville. É nesta área que se encontra o parque de diversões, uma pista de boias canadenses (algo parecido com um grande tobogã de gelo), uma arena de *paintball*, lago para pescaria e uma tenda multiuso para atividades cobertas. Além de todos estes equipamentos, o Le Canton conta ainda com uma réplica de um castelo medieval, repleto de jogos e atrações, além de piscinas e bares.

De fato, são inúmeras as possibilidades de atividades e estrutura de entretenimento para implementar em uma hospedagem.

Resorts, pela sua natureza, estão instalados em áreas com milhares de metros quadrados que permitem estruturas físicas mais robustas direcionadas ao lazer. Os hóspedes possuem justamente essa expectativa quando se hospedam neste tipo de hotel.

Por outro lado, uma boa entrega no campo do lazer não deve se limitar a esta tipologia de hospedagem. Qualquer empreendimento pode criar recursos e ações que tornem os momentos de entretenimento do hóspede algo memorável. De acordo com Joffre Dumazedier, sociólogo francês pioneiro nos estudos de lazer e formação, existem cinco categorias de acordo com o conteúdo das atividades de lazer assim descritas pelos seus interesses: físicos, artísticos, intelectuais, práticos/manuais e sociais.

De acordo com essas classificações, podemos implementar diversas atividades que enriquecerão esta etapa da jornada do hóspede:

Físico: práticas esportivas de maneira geral, como futebol, vôlei, basquete e tênis; atividades resistidas como musculação, *crossfit* e ioga; atividades lúdicas, como hidroginástica, corrida, caminhada e tour de bicicleta; em contato com a natureza, como trilhas ecológicas, passeio a cavalo, pedalinho e *stand up paddle*; atividades de relaxamento e bem-estar, como massagem e terapias.

Artístico: oficinas e vivências que envolvam música, dança, pintura, escultura, teatro, literatura, cinema, fotografia, história em quadrinhos, jogos eletrônicos e arte digital.

Intelectual: atividades que estimulem a cognição ou gerem novos conhecimentos, como: jogos de tabuleiro, xadrez, palestras e cursos com especialistas e oficinas de produção textual.

Prático/manual: atividades que estimulem as habilidades manuais, como produção de artesanato, manuseio de hortas e cozinhar.

Social: festas e eventos que promovam o encontro e socialização entre os hóspedes, como shows, festas juninas, de natal e réveillon e karaokê com banda ao vivo.

Na La Boutique Studios, utilizamos por diversas vezes a comunicação e recursos digitais para criar momentos de entretenimento, mesmo dentro de um apartamento por temporada. Por exemplo, realizamos para nossos hóspedes uma curadoria com roteiros e vivências fora do comum no Rio, guiados ou não, os quais podem ser adquiridos após a reserva como opcionais adicionais à hospedagem.

Além disso, semanalmente alteramos as sugestões de séries e filmes que indicamos para os hóspedes nas principais plataformas de *streaming*, como Netflix e Amazon.

DESPEDIR

Quinto e último ato da jornada de hospitalidade, o momento da despedida é a etapa derradeira da experiência de hospedagem. É importante que essa última etapa seja estruturada para elevar ainda mais a estadia, finalizando-a com um momento de pico.

Na La Boutique Studios valorizamos muito este quinto ato, pois a despedida é a última oportunidade para realizar uma ação final de encantamento ou, caso seja necessário, recuperar uma impressão ruim deixada por alguma falha específica que possa ter ocorrido ao longo da estadia.

Caso o aniversário do hóspede seja durante a estadia, deixamos sempre para presenteá-lo na manhã do *check-out*. Se é a última noite de um grupo de amigos conosco, compartilhamos a nossa *playlist* oficial no Spotify com uma lista de bares parceiros onde eles ganharão *welcome* drinks de cortesia e terão uma inesquecível última saída para se divertir na cidade.

Criar esse elemento de elevação no momento de despedida é tão importante quanto causar um primeiro impacto surpreendente no momento da chegada. O início e o fim de uma estadia são dois momentos que tendem a ficar registrados na mente do hóspede como pontos marcantes e, por isso, precisam ser extremamente positivos.

Mensagem de despedida

Assim como no ato de receber, no momento de despedida também se faz necessário o envio de uma mensagem para que o hóspede fique tranquilo em relação aos procedimentos de *check-out*.

A narrativa e instruções contidas na mensagem dependerão de cada tipo de hospedagem, bem como da sua comunicação e tom de voz escolhido. Entretanto, de maneira geral, alguns pontos que devem estar presentes são: horário limite para o *check-out*; coordenadas específicas em relação ao fechamento da acomodação; gatilho de incentivo à avaliação e *feedback*; e finalização colocando-se à disposição para últimas necessidades.

Abaixo um modelo da mensagem de despedida que utilizamos na La Boutique Studios para você se inspirar e construir a que melhor se adéque à sua hospedagem.

> Boa noite, **Fábio**!
>
> Esperamos que a estadia e os dias no Rio tenham sido incríveis :)
>
> Passando apenas para me despedir e ajudá-los no checkout amanhã:
>
> ⏱ O horário de partida é **até às 11h** (sentiremos saudades ☺) ;
>
> 🔑 Basta apagar tudo, fechar as janelas, retirar o lixo e bater a porta;
>
> 🤍 Ficaremos muito felizes em saber **como foi a sua experiência de hospedagem** em nossa página de comentários no Airbnb amanhã :)
>
> Caso haja algo mais que possamos fazer, não hesite em dizer, ok?!?
>
> Até a próxima e esperamos tê-lo em um La Boutique novamente em breve!

Nunca peça ao hóspede para fazer uma avaliação após o término da estadia ou tente induzi-lo a fazer uma avaliação positiva nas plataformas de reserva ou *sites* de avaliação. O *feedback* sobre a experiência vivida precisa ser espontâneo e genuíno, ou então não possuirá qualquer validade para a evolução da qualidade da entrega proposta pela hospedagem.

Repare que, na La Boutique Studios, não pedimos para que o hóspede nos avalie, mas sim, geramos um gatilho de maneira mais sútil, transparecendo que o que nos interessa é saber como foi a experiência dele e não apenas obter mais uma avaliação. O fato de dizer que "ficaremos felizes" também tende a estimular uma avaliação positiva.

O ciclo de melhoria contínua em hospedagem

As avaliações são a cereja do bolo de uma estadia memorável. Quando positivas, vêm para coroar a dedicação empreendida e chancelar o trabalho bem feito. Quando negativas, servem de sinal de alerta de que algo pode não estar funcionando como deveria, e talvez precisemos corrigir os rumos da embarcação.

Eu sei que você não gosta de receber uma avaliação ruim, e nem deveria. Contudo, um *feedback* verdadeiro, seja ele bom ou ruim, deve ser encarado como um presente. Como gestores, não devemos permitir que as hospedagens se tornem escravas das avaliações, mas devemos encará-las como uma grande oportunidade que o hóspede nos dá de cocriar uma estadia ideal.

Infelizmente, não podemos voltar no tempo e mudar uma experiência de hospedagem ruim, mas, com frieza e metodologia, poderemos garantir que as próximas sejam duas vezes melhores. Para isso, lançaremos mão de uma ferramenta muito utilizada em sistemas de gestão de serviços de diversos segmentos.

O ciclo de melhoria contínua em hospedagem é uma ferramenta baseada no clássico sistema PDCA (*plan, do, check, act*) de análise de processos. Sua função é garantir que o *feedback* do hóspede, principalmente o negativo, não tenha sido em vão, e que sirva para gerar a melhoria necessária visando a perfeita experiência dos hóspedes futuros.

O ciclo deve ser realizado ao final de cada dia operacional e é composto de quatro fases:

1. Análise das avaliações: identifique nos *feedbacks* públicos e privados dos seus hóspedes, os pontos de melhoria que precisam ser aprimorados dentro da acomodação;

    Na prática: em dada avaliação, o hóspede disse que gostou muito do quarto e das instalações, porém o banheiro deixou a desejar, pois o ralo do box entupia com frequência.

2. Planejamento de melhorias: averígue *in loco* os pontos indicados e planeje as melhorias a serem feitas colocando-as dentro do seu processo operacional se for o caso;

Na prática: após a equipe de manutenção realizar alguns testes, constatou-se que o entupimento estava sendo causado por acúmulo de cabelo e areia presos no filtro do ralo.

3. Implementação das ações de melhoria: coloque as ações planejadas em prática para um período de validação;

Na prática: a equipe de manutenção instruiu a governança para que fosse feita a higienização periódica do ralo uma vez por semana como etapa padrão do processo de limpeza da UH.

4. Avaliação de resultados: examine se as ações implementadas trouxeram as melhorias desejadas. Se não tiverem atingido resultados positivos, altere-as e teste novamente. Mesmo se as ações tiverem performaram dentro do planejado, não se acomode e busque paulatinamente otimizar ainda mais o processo:

Na prática: inicialmente verificou-se que a limpeza rotineira promovera a drenagem perfeita da água. Contudo, esse processo era feito de maneira manual a cada 7 dias. Posteriormente, por sugestão de uma camareira da equipe, alterou-se o processo para que a limpeza fosse executada com uma ferramenta de aspiração de resíduos, aumentando a quantidade de material retirado do ralo e permitindo que o processo somente precisasse ser executado a cada 15 dias. Essa melhoria em uma ação que já era boa gerou uma economia de tempo e esforço.

CAPÍTULO 6

CONSTRUINDO UMA MARCA SINGULAR DE HOSPEDAGEM

Imagine a seguinte situação: você está em um jantar de confraternização de final de ano com colegas de trabalho em uma daquelas tradicionais mesas quase quilométricas. Sentados ao seu lado estão pessoas da sua equipe – às quais passam o dia com você e lhe conhecem profundamente – e também colaboradores de outras áreas da empresa, os quais você também desempenha algumas atividades paralelas, porém com menos frequência.

No decorrer da noite o seu celular toca e uma emergência familiar lhe obriga a deixar a celebração subitamente. Você se despede de todos, levanta da mesa e vai para casa. A partir deste momento abre-se o que chamo de Janela das Percepções:

se as pessoas começassem a falar sobre você, o que elas diriam? Falariam bem ou mal? Quais seriam os seus sentimentos sobre você? E em relação à sua personalidade? Diriam que é uma pessoa humilde, paciente, persistente ou corajosa? E as percepções sobre suas habilidades técnicas: diriam que você é criativo, estrategista, ambicioso? Competente ou incompetente? Sua equipe te defenderia ou falaria mal de você também?

Assim como na vida humana, o relacionamento dos clientes com as marcas constitui-se da mesma forma. Gestores de hospedagens memoráveis precisam planejar suas marcas, pois ao final da estadia, inevitavelmente cada um dos hóspedes sairá marcado de alguma forma. E sem dúvida alguma irão além: se tiverem amado a sua marca, você terá grandes defensores e até mesmo evangelizadores, ou seja, contarão a amigos e familiares sobre como a estadia foi uma das mais incríveis que já tiveram. Contudo, se a experiência for ruim ou desastrosa, os hóspedes poderão se transformar em detratores da marca e propagandear negativamente sempre que tiverem a oportunidade.

Construir e manter uma marca forte é um dos segredos do sucesso de uma hospedagem memorável. A esse processo damos o nome de *Branding* ou *Brand Management*. Um *Branding* bem arquitetado será o responsável por fazer com que a sua marca alcance um lugar no coração dos clientes e principalmente ocupe um espaço específico na mente dos consumidores em potencial.

Fundamental frisar que a dinâmica de construção e manutenção de marca não ocorre somente uma única vez. Esse processo deve ser exercitado diariamente dentro e fora do empreendimento por todos aqueles envolvidos em sua operação. Marcas e empresas são, antes de tudo, organismos vivos que acertam, erram, aprendem e evoluem. Esse é o ciclo das marcas de hospedagem humanizadas que entendem que são feitas por pessoas com um propósito coletivo para pessoas com um sistema de crenças em comum.

Para criar uma marca que deixe um legado na vida daqueles que tiveram contato com ela, primeiro precisamos aprender a estabelecer a marca de maneira eficiente no mercado da hospitalidade. Para isso utilizaremos uma das estratégias mais importantes do Marketing: o posicionamento.

PRIMAL BRANDING

Atualmente existem dezenas de estratégias diferentes para desenvolver o *Branding* de uma empresa. Alguns processos dão ênfase na identidade visual enquanto outros caminham na direção da comunicação digital e construção de relacionamento com o cliente.

Na metodologia das hospedagens memoráveis, optamos por utilizar o Primal Branding, uma técnica ainda pouco conhecida e utilizada no mercado brasileiro, criada pelo publicitário e executivo americano Patrick Hanlon.

O Primal Branding é incrível para o segmento de turismo e hospitalidade, uma vez que se encontra em absoluta convergência com a era digital e da experiência, tendo basicamente um direcionamento: construir uma comunidade engajada com a marca.

Para se tornar uma marca reconhecida e desejada é necessário formar uma comunidade ao seu redor que compartilhe dos mesmos objetivos e propósitos. Uma marca que proporcione a sensação de semelhança e pertencimento aos hóspedes tem chances elevadas de performar melhor do que aquela que apenas possui um logotipo bonito e presta um bom serviço.

Os hóspedes nos dias de hoje são atraídos por conexões genuínas e as marcas que conseguirem se conectar com a sua comunidade terão maior alcance, engajamento e relevância.

O Primal Branding tem uma dinâmica muito parecida com uma religião, pois visa justamente criar essas conexões a partir do desenvolvimento de um sistema de crenças. Esse sistema é composto por sete ativos que ajudarão a gerir os aspectos intangíveis da sua marca de hospedagem. São eles: história de criação, credos, ícones, rituais, palavras sagradas, o líder e os descrentes.

A partir do momento em que se cria uma marca na qual as pessoas passem a acreditar, também se desperta o sentimento de que elas podem fazer parte de algo maior do que apenas consumir produtos e serviços. Se as pessoas acreditam, elas também passam a pertencer. Assim se forma uma comunidade. A comunidade da sua marca.

1. O SISTEMA DE CRENÇAS

1.1. *História de Criação*

Todo sistema de crenças começa com uma história de criação e toda marca tem uma narrativa de surgimento por trás. Desde sempre a humanidade se conecta muito facilmente às histórias que são autênticas e principalmente bem contadas.

Certamente você já ouviu sobre Steve Jobs e Steve Wozniak na garagem dos pais criando os primeiros computadores pessoais do mundo; o farmacêutico John Pemberton inventando a famosa bebida gaseificada que viria a se chamar Coca-Cola ou a encantadora história de Walt Disney e seus mágicos parques de diversão.

Repare que todas as grandes marcas têm o conto do seu surgimento no imaginário popular e isso não é um mero acaso. A história de criação não é importante apenas para a conexão com os hóspedes, mas também para a conexão com os colaboradores de uma hospedagem. Seja um imenso resort de luxo ou um pequeno apartamento por temporada, tudo começou a partir do sonho e da ação de implementação de alguém.

A história de criação é o primeiro passo para as pessoas entenderem o porquê deveriam dar importância a você, à sua marca ou à sua hospedagem. Essa história não responde simplesmente quem você é ou de onde veio, mas será a base para contextualizar os demais pedaços do sistema de crenças (credos, ícones, rituais, os descrentes, as palavras sagradas e o líder).

Pode ser que a história de criação da sua hospedagem não seja uma história cinematográfica à primeira vista. Contudo, não se preocupe, pois não há nenhum problema nisso. A forma como essa narrativa será usada vai depender das suas estratégias de comunicação. Ela poderá aparecer dentro da hospedagem, nas mídias sociais ou até mesmo em alguma ação promocional como o aniversário da empresa. A história de criação em si não é uma estratégia, ela é o fio condutor para o restante do seu sistema de crenças.

Importante lembrar que não se deve mentir na história de criação. Ela precisa ser genuína. Mas é claro que você pode – e deve – contá-la de uma maneira mais romantizada e atrativa.

Veja um exemplo de narrativa com o hotel Colline de France que em 2021, com apenas três anos de funcionamento, foi eleito o melhor hotel do mundo pelo TripAdvisor, alcançando o feito inédito de ser o primeiro estabelecimento brasileiro a liderar a lista de hotelaria mundial – desbancando hospedagens renomadas até mesmo na Grécia, Maldivas e Suíça:

O gramadense de 40 anos, Jonas Tomazi, cresceu em contato com o turismo. Sua família é dona de vários empreendimentos na cidade, entre eles alguns hotéis e o Snowland, parque temático de neve que é sucesso entre os turistas. Apesar dos negócios familiares, até 2017 Jonas trabalhava como corretor para captação de investimentos.

Já Ana Clara Tomazi é formada em biomedicina, mas atuava há anos como diretora comercial da marca de calçados Piccadilly. Casados, os dois viram em uma propriedade dos pais de Jonas em Gramado a oportunidade de trabalharem juntos – e foi então que a ideia do hotel surgiu.

Fundado em 15 de novembro de 2018 pelo casal, o Colline de France nasceu de uma grande história de amor. Primeiro, porque ele foi construído para unir o casal: Ana e Jonas decidiram investir no negócio para poder passar ainda mais tempo juntos, numa época em que ela precisava viajar com muita frequência a trabalho.

Depois, porque eles sempre foram apaixonados pela França, romantismo e decoração. "Gramado tem um toque europeu e abriga muitos empreendimentos germânicos, italianos e suíços – mas não franceses. E então pensamos: por que não resgatar essa essência da cidade, que está se perdendo com a chegada dos grandes resorts, e trazer a França, a terra dos eternos apaixonados?"

Assim surgiu o Colline, um pequeno e intimista recanto francês para casais e famílias, com apenas 34 quartos, em uma região calma e afastada do centro de Gramado. O hotel é baseado, mais especificamente, no Segundo Império, inspiração que ecoa em todos os cantos da propriedade: na decoração das acomodações e áreas comuns, na gastronomia, no jardim externo e até nos pequenos serviços.

Jonas e Ana querem que a experiência também seja uma imersão intelectual, na qual possam proporcionar aos hóspedes um pouco mais daquela época francesa. Na hora do *check-out*, por exemplo, os viajantes voltam para casa acompanhados de uma caixa de *madeleines*, bolinho típico francês.

O estilo imperial está muito presente nos quartos do Colline de France, com móveis esculpidos à mão, lustres requintados e decoração ostensiva (mas que, ao mesmo tempo, se propõe a ser aconchegante). São cinco categorias, de 22 a 42 metros quadrados, sendo que cada uma delas possui decoração própria e paleta de cores inspirada em grandes grifes de luxo, como Chanel, Fendi e Givenchy.

Todas as roupas de cama são da grife Trussardi/Trousseau, em algodão egípcio 300 fios. Os travesseiros e edredons são de pluma de gansos. E as amenidades, da L'Occitane au Brésil, categoria da marca de produtos franceses que traz um toque de brasilidade aos produtos.

O café da manhã é um dos pontos altos da estadia e todos os dias alguma delícia francesa diferente é servida – principalmente doces, como o *crème brûlée*, *croissants* recheados e *petit gâteau*. Tudo ao som de música clássica, tocada no piano ao vivo.

O hotel também possui um bistrô, que mistura pratos da França e do Brasil para agradar qualquer paladar. "Demos uma abrasileirada no cardápio porque nosso público não é, em sua maioria, francês. Temos desde opções mais clássicas, como pato ou carré, da forma como são feitos na França, até massas, que fazem mais parte do paladar afetivo do brasileiro".

1.2. *Os Credos*

Todas as ideologias começam com um conjunto de princípios fundamentais. O Primal Branding se parece muito com uma religião, pois é pautado em elementos que constroem comunidades e ajudam essa comunidade a mover-se em uma mesma direção.

Os credos basicamente são uma declaração das crenças compartilhadas da comunidade na forma de uma fórmula fixa que resume os princípios fundamentais. Os credos de uma hospedagem são a espinha dorsal que ajuda a mantê-la sempre de pé e em direção ao seu propósito.

Pense, por exemplo, na igreja católica: seus seguidores creem em um único Deus, responsável pela criação do céu e da Terra. Além disso, possuem 10 mandamentos que guiam seus fiéis com preceitos, como: não falar o santo nome de Deus em vão; honrar pai e mãe e não cobiçar as coisas alheias. Já os espíritas, por sua vez, acreditam em vida após a morte, reencarnação e mediunidade.

Se você é uma pessoa religiosa, possivelmente escolheu e segue determinada religião, pois a sua forma de pensar ressoa com os códigos dessa doutrina. Você se enxerga dentro desse contexto e vê sentido em fazer parte dessa comunidade.

Com as marcas de hospedagem ocorre o mesmo: nos conectamos aos nossos hóspedes a partir de credos em comum.

Vejamos dois exemplos que ilustram essa etapa do sistema de crenças. Primeiramente, alguns credos da Accor, a maior rede de hotéis do Brasil, e depois os credos da La Boutique Studios, a minha rede de hospedagens memoráveis no Rio.

Credos da Rede Accor de Hotéis

Heart + Artist = Heartist®

Na Accor, somos todos Heartists®. Apaixonados e especializados no que fazemos, cada um de nós, com nossa própria personalidade, dominamos a fina arte de receber, conectar e atender às pessoas. Somos apaixonados por pessoas e atentos ao mundo: esse é o jeito Heartist® de ser.

Nós acreditamos que o mundo é mais receptivo quando estamos conectados. Para que vejamos o que temos em comum, em vez do que nos diferencia. Somos Heartists® e cuidamos do mundo para deixá-lo melhor adotando nossas diferenças, compartilhando nossas culturas e conectando com as pessoas, de coração. Como Heartists®, ousamos sermos melhores. Ao desafiar o que podemos fazer e quem podemos ser, moldamos nosso futuro. Na Accor, todos os capítulos dessa história são para você escrever. Não só viva no momento: comande o momento. Desbloqueie possibilidades Ilimitadas.

Paixão pelos Hóspedes

Nós somos obcecados por nossos clientes. Nossos hóspedes são a motivação de nossas decisões e ações. Os colocamos em primeiro lugar e nos preocupamos com eles. Nós superamos todas as suas expectativas, pois é isso que gostamos de fazer.

Confiantes

Hospitalidade é um esporte em equipe e somos mais fortes quando confiamos e apoiamos uns aos outros. Nós acreditamos em gentileza natural, respeitamos nossas diferenças e valorizamos todas as vozes. Trabalhamos como uma equipe para dizermos o que fazemos, e fazermos o que dizemos.

Desempenho Sustentável

Acreditamos que a hospitalidade tem o poder de possibilitar um amanhã melhor. Nós agimos em prol do bem para apoiarmos e capacitarmos as comunidades em que vivemos e protegermos o planeta.

Espírito de Conquista

Nossos hóspedes são cidadãos do mundo, e nós também somos. Queremos estar onde eles querem estar. Nós exploramos, nós iniciamos e nós desenvolvemos. Somos ambiciosos para nossos hóspedes. Nós tornamos o impossível possível e nos divertimos fazendo isso.

Credos da La Boutique Studios

Não alugamos apartamento. Criamos hospedagens memoráveis

Na La Boutique Studios não alugamos apartamentos, mas sim criamos as melhores experiências de hospedagem para que a estadia do nosso hóspede seja um dos pontos mais incríveis de sua viagem. Desde o primeiro contato até o momento de partida, seremos responsáveis pela sua felicidade. Acreditamos que o compartilhamento mais importante é o de momentos inesquecíveis. Viajar é um ato de reconexão e todos podem pertencer a qualquer lugar, seja por um dia ou para sempre.

De portas abertas para o mundo

Todos são bem-vindos. Sem qualquer tipo de distinção. Sejam seres humanos ou seres caninos. Adultos ou crianças de qualquer lugar do mundo. Todos aqueles que passarem por uma de nossas portas serão sempre muito bem recebidos e tratados de maneira especial, respeitando sua cultura e forma de pensar.

Excelência não se negocia

Não abrimos mão de entregar nada menos que o excepcional. Não nos contentamos com o comum e muito menos com o mal feito. O mais ou menos não faz parte de um studio da La Boutique. Nossos hóspedes merecem o melhor e não mediremos esforços para superar as expectativas.

1% melhor por dia. Todos os dias

Valorizamos mais a constância do que a velocidade. Acreditamos que a qualidade vem antes da quantidade e pensamos todos os dias em como elevar a experiência de hospedagem em nossas acomodações. Enxergamos o *feedback* como um presente e o colocamos em prática no dia seguinte.

Entretenimento é o nosso negócio

Gostamos muito de hospitalidade, mas entendemos que antes de tudo somos uma empresa de entretenimento e conteúdo. Hospedar é o que faz o nosso coração bater, mas através do paladar, da visão, do olfato, do tato e da audição queremos transportar nossa comunidade para sentir o que de mais incrível a cidade tem a oferecer.

Be The First

Marcar a vida daqueles que nos escolheram é o nosso maior propósito. Ser a primeira hospedagem por temporada a criar uma experiência tão memorável a ponto de ser a melhor lembrança de hospedagem que o hóspede terá em sua vida. Fazer por ele o que ninguém nunca fez. Fazer o que ele jamais esperaria que fizessem.

1.3. *Os Ícones*

Ícones são elementos que carregam e transmitem significados e, ao serem contemplados, geram uma imediata associação com determinada marca de maneira espontânea. Os ícones são fundamentais no *Branding*, pois serão os responsáveis por projetar a identidade da sua marca de hospedagem na mente do público e principalmente causar o reconhecimento e a lembrança da mesma em todos os pontos de contato.

O ícone mais óbvio de uma marca é o seu logotipo (comumente também chamado de logo) e falaremos sobre ele mais a frente. Além disso, os ícones também podem ser representados por outros elementos sensoriais como cheiros, músicas, sons, cores, objetos e palavras.

Se você já foi a um dos famosos restaurantes da rede americana Outback Steakhouse (sim, ela não é australiana), certamente percebeu o aroma característico de comida que emana dos salões, sendo sentido a algumas dezenas de metros antes mesmo de chegar a uma das lojas da rede. A Blooming Onion – mais conhecida como a cebola gigante empanada – também é um sinônimo de Outback e, mais do que um prato, se tornou um dos ícones da marca.

Se você gosta de sentar no sofá e assistir séries e filmes na Netflix por horas a fio certamente se recorda do "Tudum", aquele som que o *streaming* reproduz quando se escolhe um dos títulos originais da companhia, como Stranger Things, House of Cards e Orange is the new Black. Esse som característico é um dos ícones da Netflix e aparece sempre acompanhado de outro grande ícone: a letra "N" em vermelho. Alguns ícones de marca podem surgir de maneira espontânea ao longo do tempo, mas muitas vezes podem (e devem) ser planejados minuciosamente.

De acordo com o executivo da Netflix, Todd Yellin, seu desejo era criar um som marcante para ser aliado à marca visual do serviço de *streaming*. Para isso, ele contratou o editor de som Lon Bender (o mesmo de Coração Valente), que passou a brincar com diversos barulhos para tentar achar o resultado ideal.

A ideia do Tudum surgiu com um barulho muito simples: a aliança de casamento de Bender caindo e batendo na cabeceira de sua cama. Com uma guitarra e o apoio de Charlie Campagna (do filme Blade Runner 2049), eles alongaram o som, num processo que chamou de "The Blossom", ou seja, o desabrochar. Esse som se tornou um ícone tão elementar da marca que, em 2021, um evento mundial de conteúdo exclusivo para fãs foi lançado inspirado justamente nele: o Tudum Festival.

Pegando o avião e aterrissando no universo das hospedagens encontraremos o Magic Castle em Los Angeles, com a aparência de um hotel simples e econômico, mas com avaliações surpreendentes. Entre os mais de 3.500 hóspedes que o avaliaram no *site* TripAdvisor, 92% consideraram a experiência excelente ou muito boa. O fato curioso é: o que faz com que um hotel dos anos 50 com decoração duvidosa, quartos antigos e uma estrutura modesta esteja melhor avaliado que o Ritz-Carlton e tenha o mesmo preço de diária de hotéis de alto padrão como Hilton e Marriott? Ao ler os comentários fica evidente: seus ícones.

Começando pelo telefone vermelho-coral instalado estrategicamente em uma das paredes perto da piscina. Assim que você retira o telefone do gancho e o posiciona no ouvido, ouve-se efusivamente do outro lado da linha: "Olá! Tudo bem? Somos do disque-picolé". Você faz o pedido e, minutos depois, um funcionário de luvas brancas adentra a área da piscina com o seu picolé de uva, laranja ou cereja em uma bandeja de prata. De graça.

Há ainda um menu de lanches e guloseimas com uma lista variando de Kit-kats de vários sabores, cheetos, até cerveja artesanal, e que podem ser solicitados a qualquer momento da estadia sem nenhum custo adicional. Está em uma viagem longa e precisa lavar suas roupas? Sem problemas. No Magic Castle os hóspedes podem deixar as roupas sujas na lavanderia do hotel pela manhã e as mesmas são devolvidas ao final do dia embrulhadas em papel pardo e amarradas com barbante e um raminho de lavanda.

O telefone vermelho; o picolé; as guloseimas gratuitas; as roupas lavadas e a embalagem são ícones dessa marca de hospedagem. E esses tipos de ícones são especiais, pois são o que chamamos na metodologia das hospedagens memoráveis de ícones mágicos, cujo conceito desvelaremos mais à frente.

O Mickey Mouse da Disney; o símbolo da Nike; o "M" do McDonald's; o roxo e rosa da LATAM; a lata azul da Red Bull e a vermelha da Coca-Cola; o aroma de capim limão do Copacabana Palace; o Cristo Redentor no Rio de Janeiro; o som para chamar a atenção antes de um importante comunicado ser emitido pelo alto falante dos aeroportos.

Todos esses elementos são ícones e diferenciam uma empresa em um universo quase infinito de concorrentes. Na metodologia das hospedagens memoráveis, dividimos esse campo em dois grupos complementares: ícones de identidade (nome, logotipo e paleta de cor) e ícones mágicos. Vejamos os principais componentes e alguns exemplos de como aplicamos os nossos ícones dentro da La Boutique Studios:

Ícones de Identidade

Todos nós, como pessoas dentro de uma sociedade, temos um conjunto de características – desde o nosso nome a aspectos de personalidade e aparência – que nos tornam memoráveis, reconhecíveis pelos outros e constituem a nossa identidade. Ter uma identidade bem definida é fundamental não só para os seres humanos, mas também para as marcas e empresas. Afinal, como se pode ser reconhecido e lembrado sem uma boa imagem?

Um planejamento de identidade visual adequado deve ser enxergado como uma prioridade na estratégia de marketing de qualquer hospedagem. Quando bem desenvolvida, o processo de surpreender e converter clientes em potencial em hóspedes torna-se mais fácil. Por outro lado, quando a identidade visual é deficiente ou pouco desenvolvida, a realidade é dura e simples: ninguém (ou quase ninguém) valorizará a sua hospedagem.

A identidade visual basicamente é uma combinação de vários elementos gráficos e visuais que, juntos, criam uma atmosfera unificada dentro e ao redor de uma empresa. Pense em si mesmo por um minuto: de todas as suas características (físicas ou não), certamente há aquelas que são as suas preferidas, as que se destacam aos olhos dos outros e que de alguma forma ajudam a formar quem você é.

Mesmo aqueles aspectos que não são os que você mais aprecia, mas que fazem parte do conjunto que constitui a sua personalidade, são importantes: você possui um nome e uma imagem que são unicamente seus e que te diferenciam de qualquer outra pessoa.

Para que uma marca de hospedagem seja igualmente reconhecida de forma positiva e tenha sucesso nesse mercado tão concorrido, é necessário defini-la e destacar as suas melhores qualidades, fazendo-a parecer (e concretamente tornando-a) única e desejada.

Desta forma, a identidade visual será um dos principais fatores que – inconscientemente – influenciará o hóspede em potencial na escolha pela sua hospedagem quando estiver no processo de planejamento de uma viagem.

O conjunto de aspectos que compõem a identidade visual vai muito além de alguns elementos visuais para atrair possíveis clientes de uma forma esteticamente superficial: pense na identidade como a "personalidade" de uma hospedagem sintetizada e exposta ao mundo.

É por isso que quanto melhor e mais clara for a estratégia, mais espaço a marca ganha na mente no coração do consumidor.

Algumas empresas, por exemplo, desenvolvem a sua identidade visual de maneira tão assertiva a ponto de serem reconhecidas apenas pelas suas cores. Se pensarmos no laranja, talvez uma famosa e tradicional marca de banco venha logo à cabeça. Já se formos para o amarelo, outra grande marca do mesmo segmento ocupa o primeiro lugar em nossa mente.

Os principais ícones que compõem o desenvolvimento da identidade visual de uma marca no campo da hospitalidade são: nome, logotipo e paleta de cor. Vejamos detalhadamente cada um deles:

NOME

Batizar uma marca pode ser um grande desafio à primeira vista. Quando falamos de hospedagens é ainda mais instigante, pois podemos facilmente cair na armadilha do senso comum e criar um nome pouco criativo ou até mesmo já existente, ao simplesmente unir a tipologia (resort, hotel, hostel, hotel fazenda entre outros) a uma palavra que remeta à característica do local como, por exemplo, "Pousada dos Pássaros". Não estou dizendo que este especificamente seja um nome ruim, porém evidentemente não é um grande destaque no quesito originalidade.

O nome da marca é um ícone indispensável, afinal é o principal elemento de identidade de uma hospedagem. Na verdade, o nome é a pedra fundamental de todas as organizações. Muitas vezes, as cores e até mesmo o logotipo podem ser iguais ou muito semelhantes, mas o nome precisa ser único e refletir a essência da marca sem perder a originalidade.

Em *Branding*, o processo de criação do nome de uma marca é chamado de *Naming*. Existem algumas categorizações para auxiliar na eleição do ideal e nomear definitivamente uma hospedagem. Vamos apresentar a seguir as que melhor se adéquam ao universo da hospitalidade:

Nomes Descritivos

São aqueles que transmitem de maneira direta o serviço ou produto ofertado pela empresa. Os nomes descritivos normalmente não abrem muita margem para a livre interpretação do público e vão mais direto ao ponto.

La Boutique Studios é um exemplo de nome descritivo no qual associamos as acomodações no formato studio (produtos) a uma percepção de excelência e exclusividade que nos diferencia (entrega). Essa união é uma estratégia interessante para a composição de nomes deste tipo, mas também existem outras formas.

Muitas empresas brasileiras famosas utilizaram o recurso descritivo para criar seus nomes, como: a Casa do Biscoito; Flores Online, Vivenda do Camarão, Empada & Cia e Casa & Vídeo. Dentro do segmento nacional de hospitalidade também temos bons exemplos: Hotel Nacional; Varanda das Bromélias Spa e Pousada Verdes Flores em Brasília. Olhando para fora do país também é possível reconhecer outros bons exemplos, como: The Body Shop; General Motors; O melhor bolo de chocolate do mundo e Toys "R" Us.

Essa técnica de *naming* possui vantagens e desvantagens para a marca. Como principais pontos positivos, destacam-se a literalidade, logo não necessita de muitas explicações, além de ser funcional, ou seja, propõe uma rápida assimilação do público com aquilo que ele obterá ao comprar da empresa.

Já pelo lado negativo, nomes descritivos podem limitar os segmentos de atuação da empresa caso a mesma decida expandir seus negócios para outras áreas. Isso é justificável, pois muitas vezes, é impossível visualizar quais serão os rumos que o negócio da empresa irá tomar daqui a dez, quinze ou trinta anos, e um nome descritivo pode acabar limitando a percepção do consumidor a respeito do ramo de atividade da marca.

Outro ponto importante a se observar sobre os nomes descritivos é que, pelo fato de serem literais demais, podem também esbarrar em questões legais no momento do registro de marca.

Nomes Toponímicos

A Nokia, fabricante finlandesa de celulares fundada em 1865 pelo engenheiro Fredrik Idestam na cidade homônima; Folha de São Paulo e New York Times, publicações jornalísticas tradicionais em seus países; Pão de Açúcar, uma das mais conhecidas redes de supermercado do Brasil; e Itaipava, cerveja fabricada na cidade de mesmo nome na serra do Rio de Janeiro.

Esses são bons exemplos de nomes toponímicos. Essa categoria estabelece uma ligação com o lugar de origem ou a área de influência da empresa. É um recurso muito utilizado também no mercado turístico, principalmente pelos órgãos governamentais, ao fazer uso dos nomes dos próprios países e cidades com finalidade de promoção dos destinos.

É o caso, por exemplo, da marca "Brazil" usada pelo Ministério do Turismo. Outros bons exemplos no segmento são as marcas Air Canada e Qatar Airways, cujos nomes são oriundos de seus países de fundação, além do Grupo Cataratas, holding de turismo sustentável que controla diversos empreendimentos como o Aquário do Rio (AquaRio); o transporte de vans até os pés do cristo redentor e claro: o parque nacional das cataratas em Foz do Iguaçu.

No mercado de hospedagem os nomes toponímicos também são muito utilizados. Alguns dos mais conhecidos são o hotel Copacabana Palace no Rio de Janeiro; o resort Costão do Santinho em Santa Catarina e a Pousada Olinda em Recife.

A escolha por esta categorização traz uma proximidade muito grande da hospedagem com a localidade onde está inserida, auxiliando até mesmo na capacidade de o empreendimento ser mais facilmente encontrável nos mecanismos de busca durante o processo de busca, seleção e reserva do hóspede.

Como ponto negativo, os nomes toponímicos pecam no que diz respeito a uma possível oportunidade de expansão geográfica do negócio. É bem complexo enxergar uma hospedagem chamada Aracajú Plaza na cidade de Curitiba.

Nomes Patronímicos

A terminologia "patronímico" faz alusão às marcas que têm seus nomes baseados em nomes de pessoas, normalmente de seus fundadores, ou de alguém escolhido por eles. Essa técnica ainda é muito utilizada nos dias atuais por determinados segmentos de negócios, como escritórios de arquitetura e advocacia, mas teve seu pico durante o século XIX e parte do século XX, quando foi fortemente empregada.

Alguns exemplos famosos de marcas patronímicas são a Nestlé, batizada por seu fundador Henri Nestlé em 1866; a Procter&Gamble, de William Procter e James Gamble fundada em 1837; a fabricante de motocicletas Harley Davidson, criada e nomeada por William Harley e Arthur Davidson em 1901; a pioneira Ford e seus carros produzidos nas fábricas do engenheiro mecânico estadunidense Henry Ford; e William Colgate que fundou a mais conhecida empresa de creme dental do mundo em 1804 e que ostenta seu sobrenome na marca até hoje.

No mercado de turismo, um dos casos mais emblemáticos é o da Disney, empresa que atua em diversos campos do entretenimento à hospitalidade e ganhou vida em 1920, fruto do sonho de seu criador, Walt Disney. Muitos talvez não saibam que a Marriott, uma das maiores redes hoteleiras do mundo, carrega o sobrenome do casal fundador John Willard Marriott e sua esposa, Alice S. Marriott.

No segmento da hotelaria de luxo também encontramos bons exemplos: A rede Hilton teve início em 1919, quando Conrad N. Hilton inaugurou seu primeiro hotel, The Mobley, em Cisco, no Texas. No entanto, foi em 1925, seis anos depois, que o empresário construiu o primeiro empreendimento com seu sobrenome, o The Hilton in Dallas.

Como dito anteriormente, os nomes patronímicos não carregam necessariamente os nomes de seus criadores, mas são originados de um ato de homenagem. É o caso dos hotéis e resorts Hyatt. Embora a sede da rede e cidade de nascimento de seus sócios-fundadores seja em Chicago, a história começou em Los Angeles no ano de 1957, enquanto Jay Arthur Pritzker tomava um café dentro do hotel do aeroporto internacional local, o qual lhe fora informado estar à venda.

Vislumbrando uma incrível oportunidade, o – até então – advogado fez uma proposta de US$ 2,2 milhões em um pedaço de guardanapo. Após fechar negócio, Pritzker batizou o estabelecimento como Hyatt House, homenagem à Hyatt Von Dehn, empresário do qual adquiriu o estabelecimento naquela manhã.

Embora esta classificação de nome seja de fácil registro em boa parte dos casos, uma vez que a probabilidade da existência de um nome igual no mesmo segmento seja improvável, exige, por outro lado, um maior esforço no planejamento de comunicação e marketing na construção da associação da marca com o serviço de hospedagem, por não descrever diretamente a natureza do negócio. Consequentemente, essa premissa levará também a um maior investimento financeiro para posicionar a marca dentro do segmento de hospitalidade.

Outro ponto importante que deve ser observado sobre os nomes patronímicos é que esse tipo é intrinsecamente ligado a uma pessoa ou família e esta relação pode trazer consigo tanto aspectos positivos como negativos de personalidade.

LOGOTIPO

Um logotipo, também conhecido como logo, é uma composição formada por texto e imagens que tem como principal função identificar um negócio. Contudo, um bom logotipo vai muito além disso: ele demonstra de maneira mais subliminar ou mais direta o que uma empresa faz e o que a marca valoriza. Como função secundária – mas não menos importante – o logo deve dar à sua marca de hospedagem um valioso diferencial de destaque em relação às outras empresas.

O logo, juntamente com o nome, serão inevitavelmente um dos primeiros pontos de contato visual, racional e emocional que os clientes terão com uma marca. E em um mercado tão competitivo como o da hospitalidade, sem dúvida vale a pena investir não apenas no logo da sua hospedagem, mas na identidade visual como um todo.

Basicamente existem quatro categorias para formatação de logotipos. A escolha ideal será aquela que se adequar melhor ao nome da marca, levando em consideração o tamanho do nome, se é curto ou mais extenso; se necessita de apoio de imagens ou símbolos para transmitir a mensagem e, principalmente, qual a percepção esperada do consumidor ao se deparar com o logotipo.

As categorias são: combinação de texto e símbolo (*combination mark*); logotipo de texto (*wordmark*); monograma *(lettermark)* e símbolos puros (*symbols*).

Combinação de texto e símbolo (combination mark)

Esse é o estilo mais comum, simples de compor e consequentemente o mais indicado para marcas novas. Como o próprio entrega, esse logotipo une texto e símbolo em sua composição. A popularidade se justifica justamente pelo fato de carregar duas fontes de reconhecimento da marca, o que gera versatilidade nas diferentes aplicações e, quando bem feito, conecta com o público de maneira assertiva e sem muitas objeções.

O primeiro case de *combination mark* é o da Sheraton, a terceira maior bandeira da rede Marriott. O símbolo formado por um "S" com uma coroa de louros ao redor se combina ao texto principal "Sheraton" e o de apoio "Est 1937" (fundado em 1937) logo abaixo para formar o logotipo.

A aplicação da data de fundação no logotipo não é tão usual em marcas de hospedagem, sendo vista com mais frequência no mercado de hospitalidade em bares e restaurantes. Contudo, a utilização deste texto auxiliar no caso da Sheraton se deu com a finalidade de gerar no consumidor em potencial a percepção de tradição e experiência do hotel na arte de hospedar.

Este recurso se chama gatilho de autoridade e tem como principal objetivo provocar a seguinte associação espontânea: "se está há tanto tempo no mercado não há dúvidas de que é uma empresa boa e segura".

Inclusive, a Sheraton é um exemplo de marca de hospedagem que passou recentemente por um processo de *redesign* da sua identidade visual com foco na conexão (ou reconexão) com a sua comunidade. A logo original, apresentada abaixo, ainda era uma *combination mark*, porém apresentava um estilo mais voltado ao clássico e com fontes em caixa baixa.

O novo design reflete a visão holística da bandeira, fazendo da Sheraton o principal ponto de encontro de comunidades ao redor do mundo, recebendo hóspedes e visitantes locais em um espaço aberto a todos, remetendo a uma atmosfera de praça da cidade.

Segundo Julius W. Robinson, diretor de Marketing internacional da Marriott, "a evolução do logo representa a renovação das energias e o compromisso que firmamos com nossos franqueados e hóspedes. Essa é uma prova simbólica sobre a visão da Sheraton para sua nova proposta de experiência com os clientes".

Processo de criação do logotipo da La Boutique Studios

Durante o processo de *branding* na La Boutique Studios também optamos por utilizar a categoria de *combination mark* para compor o nosso logotipo. Lançamos mão de um símbolo e o texto principal com o nome em caixa baixa. Essa escolha deu-se justamente pela versatilidade de utilizar a marca de diversas formas, inclusive recorrendo somente ao uso do símbolo em diversas ocasiões, como as exemplificadas mais à frente.

A projeção da marca nos mais distintos canais físicos e digitais pode ser feita em preto ou branco de acordo com a cor de fundo de onde será inserida a aplicação.

Dentro do Primal Branding, todos os elementos do sistema de crenças devem estar conectados entre si. Por isso, o logo da La Boutique foi desenvolvido a partir de três dos nossos credos mais importantes: todos são bem-vindos; excelência não se negocia e *be the first*.

"Marcar a vida de todos que passarem por uma de nossas portas". Esse é o nosso propósito e também o evidenciamos para gerar uma identidade genuína em toda nossa comunicação.

Para representar essa recepção infindável escolhemos um dos símbolos mais alusivos às aberturas e fechamentos: o cadeado. Não optamos por fazer uma ilustração padrão deste objeto, mas sim inseri-lo de maneira subliminar. Para isso, buscou-se uma tipografia na qual uma das letras cumprisse o papel de um cadeado sempre aberto e que também tivesse um estilo único, pois seria usada para escrever o texto principal. Após diversos testes, chegou-se à fonte Devant Horgen.

Era extremamente importante que a letra que faria a representação do cadeado fosse o "A". Devido às suas formas semelhantes, seria a mais fácil de alcançar o objetivo. Mas havia outro motivo fundamental: o "A" é a primeira letra do alfabeto, aquela que marca a vida de todos por ser a primeira que se aprende, exatamente como queremos ser a primeira lembrança de hospitalidade na mente de cada um de nossos hóspedes.

Utilizamos o logotipo completo ou somente o símbolo em diversos pontos de contato dentro e fora das acomodações como, por exemplo, mobiliário decorativo impresso em 3D; adesivos para papel higiênico; capacho da porta de entrada e imagem na televisão.

Logotipo de texto (wordmark)

É uma estrutura de logotipo que inclui apenas o nome da empresa. As marcas que optam por essa categoria não utilizam símbolos, mascotes, distintivos ou qualquer tipo de imagem de apoio. A grande estratégia por trás de um *wordmark* é a simplicidade, ocasionando o rápido reconhecimento por parte do consumidor.

Devido à simplicidade destes logotipos, a tipografia e o espaçamento são extremamente importantes, pois o risco do design ficar pouco atrativo é grande.

Exemplos de logos de *wordmarks* famosas incluem Google, Coca-Cola, e Calvin Klein. Nestes casos, as palavras tornaram-se o ponto de referência visual da marca.

Se você não for designer, talvez seja um grande desafio criar um *wordmark*. Afinal, você não terá o apoio de um símbolo ou ícone para suportar o seu texto. Ele próprio deverá ser a grande estrela que irá representar a sua marca. Pelo fato de muitas empresas populares terem logotipos que incluem um símbolo, como a Nike, Apple, ou McDonald's, você pode acreditar que a sua marca também precisa de um símbolo. Contudo, isso não é necessariamente verdade.

Um *wordmark* bem desenhado é a solução ideal para algumas empresas. Se a sua hospedagem se encaixar em algumas dessas variáveis, talvez essa seja uma excelente opção para você:

- A sua hospedagem tem um nome curto e diferente. Neste caso uma – no máximo, duas palavras – são o ideal;
- Se você planeja utilizar o seu logotipo em muitos meios diferentes ou em cima de imagens e fundos coloridos. Um *wordmark* é mais fácil de integrar através de múltiplas plataformas porque não terá tanta dificuldade em exercer a legibilidade de um símbolo;

- Pretende usar uma cor ou tipo de letra mais extravagante no seu logotipo.

A verdade é que um *wordmark* forte não precisa de outros elementos que compitam pela atenção do hóspede ou retire o seu impacto.

Dentro do mercado de hospitalidade, um dos melhores exemplos é o da Fairmont, bandeira de luxo adquirida pela rede Accor e com hotéis espalhados pelo mundo, sendo um no Brasil, localizado no posto 6 da praia de Copacabana no Rio de Janeiro.

Com uma das marcas mais icônicas e tradicionais da hotelaria mundial, o logotipo estilo *wordmark* da Fairmont transmite bem o requinte e direcionamento da empresa ao mercado de luxo sem perder a leveza e o tom clássico. Inclusive, toda a identidade visual da marca foi pensada para transmitir o conceito de acomodações luxuosas nos destinos mais procurados.

Os hotéis Fairmont oferecem mais do que quartos luxuosos, restaurantes de classe mundial e localizações incríveis. Eles ajudam os hóspedes a criarem memórias duradouras. Esse posicionamento, alinhado a um produto de alto nível e excepcional atendimento nos moldes da rede Accor faz com que o Fairmont possua uma coletânea de hóspedes celebridades: de políticos a artistas; passando por atletas mundialmente conhecidos e indo até a realeza britânica.

O eterno Claude Monet pintou cenas lindas de Londres durante as diversas visitas que fizera ao The Savoy, um dos hotéis mais tradicionais da Fairmont. Na verdade, cientistas constataram até de quais varandas ele pintou com base nas condições de iluminação em suas telas (quartos 610 e 611 em 1900, e quartos 510 e 511 em 1901).

Os hotéis da Fairmont também foram cenários de protagonismo em eventos históricos. A Carta das Nações Unidas foi redigida e assinada por 50 países na Garden Room do Fairmont San Francisco. William Lyon Mackenzie King hospedou Winston Churchill e Franklin D. Roosevelt no Fairmont Le Château em 1943 enquanto os dois políticos elaboravam planos para a invasão da Normandia na Europa.

John Lennon e Yoko Ono fizeram um marco na história com seu Bed-in for Peace no Fairmont The Queen Elizabeth em Montreal em 1969, quando o ex-Beatle escreveu a letra e gravou "Give Peace a Chance", que se tornou o hino do movimento anti-guerra. Até mesmo a Rainha Elizabeth II já se hospedou mais de uma vez nos hotéis da companhia.

Sobre as estratégias de design adotadas pela marca, é interessante observar a escolha por uma fonte cursiva, ou seja, imitando o aspecto manuscrito da letra de mão. Essa é uma boa tática para posicionar uma marca de hospedagem no segmento de alto padrão. Não quer dizer que este estilo de fonte seja obrigatório para este objetivo, afinal existem centenas de marcas voltadas ao luxo que utilizam monogramas, emblemas e até outros recursos. Contudo, um *wordmark* com fonte cursiva e minimalista é um caminho interessante – e também seguro – usado por muitas empresas.

Monograma (lettermark)

Monogramas – também conhecido como *lettermarks* – são logotipos formados essencialmente por letras que, na maioria das vezes, são constituídos a partir das iniciais dos nomes das marcas. Essa é uma tipologia utilizada por empresas de diferentes segmentos. Certamente você conhece a IBM, centenária empresa de computação e tecnologia. Não há dúvidas também de que todos a reconhecem e se refiram a ela pelo seu monograma. Porém, talvez o que poucos saibam, é que as três letras significam *International Business Machines*.

O Instituto Brasil-Estados Unidos, tradicional curso de inglês conhecido como IBEU; a gigante da tecnologia da informação Hewlett-Packard (HP) e a HBO, canal de televisão norte americano que significa Home Box Office, são alguns exemplos de empresas famosas que, por terem nomes muito longos, com três ou quatro palavras para recordar, recorreram à utilização das suas iniciais para fins de identificação de marca. Portanto, faz todo o sentido que utilizem monogramas para representar as suas organizações.

Uma *lettermark* (ou monograma) é, portanto, um logotipo tipográfico composto por algumas letras, geralmente as iniciais de uma empresa. A *lettermark* tem tudo a ver com simplicidade acima de tudo. Ao utilizar apenas algumas letras, os logotipos compostos por monogramas são eficazes na racionalização de qualquer marca de empresa que tenha um nome longo.

Não é difícil compreender a necessidade de aplicação de um monograma quando há uma grande complexidade por trás do nome. Por exemplo, é absolutamente mais fácil dizer e se recordar de NASA do que Administração Nacional do Espaço e da Aeronáutica.

No universo das hospedagens também podemos utilizar as *lettermarks* para formatar um logotipo. Uma marca que representa essa categoria é a britânica IHG que veio a receber esse nome apenas em 2003, mas que sua fundação remete a 1777, quando William Bass inicia sua jornada de hospitalidade a partir da inauguração de uma cervejaria em *Burton upon Trent*, Reino Unido, que viria a se tornar um dos maiores *players* da hospitalidade global com uma série de hotéis famosos, como: Holiday Inn, Indigo, Regent e Staybridge.

IHG

O acrônimo IHG quer dizer *InterContinental Hotels Group* e a rede conta atualmente em seu portfólio com 18 marcas, 5.994 hotéis e 884.484 quartos abertos ao redor do mundo.

Emblema (emblem)

Um logotipo de emblema possui bastante personalidade e consiste em uma tipografia dentro de um símbolo ou de um ícone. Esta categoria de logotipo foi escolhida por uma infinidade de empresas ao longo do tempo, pois tendem a ter uma aparência tradicional e quando bem desenvolvidos podem causar um impacto notável.

A indústria automobilística é um dos segmentos que mais fizeram uso dos emblemas ao longo dos anos. Marcas emblemáticas como a colecionadora de fãs Harley-Davidson e a poderosa dos carros de luxo Porsche são dois bons exemplos dessa aplicação de logotipo.

No segmento de alimentos e bebidas há outros exemplos memoráveis de marcas que lançaram mão de emblemas. A cafeteria norte-americana Starbucks ganhou o gosto de seus clientes nos quatro cantos do planeta e posicionou seu logotipo no formato emblema na mente de todos aqueles que amam a marca (e também daqueles que nem gostam tanto assim).

Seu nome foi inspirado no personagem Starbuck, do romance americano Moby Dick, e seu emblema conta com uma sereia de duas caudas, simbolizando beleza e poder. Outro motivo para a sereia ter sido escolhida, é que a Starbucks teve a sua primeira loja na cidade de Seattle (EUA), um local portuário que, logicamente, tem forte conexão com a água.

O segundo motivo é que o café percorre longas distâncias por meio de navios para chegar até as fábricas da empresa, apresentando mais uma ligação com o mar, assim como a sereia. O Starbucks entende que esta criatura gera uma conexão com os clientes e tem como objetivo proporcionar uma identificação com o amor e a qualidade que são empregados em seus produtos.

Embora tenham um estilo clássico, muitas empresas foram aplicando um processo de *redesign* e modernizaram efetivamente o aspecto tradicional de seus emblemas, dando um caráter mais adequado ao logotipo para o século XXI.

A própria Starbucks foi um desses casos. O emblema ilustrado acima foi utilizado pela marca até 2011, ano em que compreenderam que sua mascote – a sereia de duas caudas – representava tão bem a marca e havia alcançado um nível de reconhecimento tão grande na mente do público que decidiram retirar a tipografia "Starbucks Coffee" e formatar o logo apenas com a sereia.

No campo da hospitalidade temos como exemplo o emblema da Associação de Hotéis Roteiros de Charme, uma entidade que certifica e reúne hospedagens com uma proposta condizente com produtos referidos de forma variada como "luxo", "hotéis temáticos", "bem-estar", "hotéis boutique" ou ainda que pratiquem uma hotelaria que alia os princípios de qualidade, ética e responsabilidade social.

Atualmente a Roteiros de Charme congrega 73 Hotéis, Pousadas e Refúgios Ecológicos situados, do Norte ao Sul do Brasil, em 16 estados e 64 destinos turísticos, promovendo os conceitos de Turismo Sustentável e o Geoturismo, ou seja, o turismo que sustenta ou aumenta o caráter geográfico de um destino turístico: seu ambiente, paisagem, patrimônio histórico e cultural, além do bem estar da população residente.

O emblema da associação possui um fator conceitual interessante: sua composição se dá a partir de uma tipografia manuscrita, reforçando as dimensões de luxo e charme, combinada a uma elipse de fundo em textura rochosa, o que por sua vez remete ao caráter ecológico e sustentável proposto pela instituição.

O conceito da pedra presente no logotipo se desdobra em todo o ecossistema da marca. Os hotéis associados ostentam o imponente emblema personificado em uma grande pedra logo na entrada das hospedagens, símbolo do padrão de qualidade alcançado e zelo permanente pelas diretrizes impostas pela associação.

A classificação de cada grupo de hotéis também segue a linhagem das pedras, desta vez fazendo uma alusão às preciosas. Segundo a Roteiros de Charme, seus hotéis, pousadas e refúgios ecológicos são aconchegantes, confortáveis e bem mantidos, refletindo com seus ambientes e serviços o caráter da região onde se encontram.

Para a associação, a expectativa do hóspede deve ser plenamente atendida. Além de charme, espera-se que os hóspedes encontrem exatamente aquilo que esperam de cada um dos hotéis participantes do roteiro.

As pedras representam as propostas variadas de cada hotel associado dentro de um alto padrão de qualidade, todos empenhados em minimizar seus respectivos impactos ambientais.

Esmeralda

Um Hotel ou Pousada com uma localização privilegiada, espaços generosos, instalações e serviços que atendam aos padrões de exigência da tradicional hotelaria internacional.

Topázio-Imperial

Um Hotel ou Pousada bem equipado, com instalações e espaços sociais adequados, serviços esmerados, estilo e decoração requintada.

Água-Marinha

Um Hotel ou Pousada cuja decoração, bom atendimento, e capricho valorizam os ambientes e as características locais.

Ametista

Uma Pousada ou Refúgio num paraíso ecológico, onde o serviço despretensioso e a decoração guardam identidade com a região.

Cristal

Identifica todos hotéis, pousadas e refúgios ecológicos durante o ano de seu ingresso na Associação.

Um dos pontos de atenção à escolha do emblema como categoria para desenvolver um logo é que, devido à sua inclinação para a riqueza de detalhes, e ao fato do nome e do símbolo estarem rigidamente entrelaçados, os emblemas são menos versáteis do que os demais tipos de logos apresentados.

Um emblema não será fácil de aplicar em todas as ramificações de canais que uma marca necessita. Para os cartões de visita ou fotos de perfis em páginas de mídias sociais, por exemplo, a redução da imagem pode deixá-lo tão pequeno a ponto de torná-lo ilegível. Caso opte pela sua utilização, testes de redução e aplicação devem ser feitos antes do lançamento da marca para garantir a sua perfeita visualização.

PALETA DE COR

Como diria Paul Rand, célebre americano considerado o pai do Design gráfico moderno: "O maior embaixador silencioso de uma marca é o seu próprio Design". E de fato, ele está coberto de razão.

Vimos anteriormente como o nome e o logotipo podem influenciar na percepção de valor do consumidor sobre uma marca. Dentro desse ecossistema de identidade temos ainda um elemento extremamente importante: as cores, ou melhor: a paleta de cor da marca.

Possivelmente você deve estar se perguntando como, na prática, as cores afetam uma marca de hospedagem. E a resposta é mais simples do que parece: no fundo, os seres humanos são simples criaturas emocionais que se relacionam muito mais profundamente com símbolos, textos e cores do que com estruturas complexas.

Quando entramos no campo da psicologia das cores, pode-se identificar que cada cor está ligada a um conjunto de emoções e significados. Por exemplo, o vermelho está associado à paixão, energia e aviso. Já o verde está mais ligado ao crescimento, positividade, à aprendizagem e à natureza.

É importante salientar também que, como o turismo é uma atividade global, logicamente podem existir variações culturais e geográficas para os significados das cores. Contudo, de maneira geral, escolhemos uma determinada paleta de cor para uma marca de hospedagem com base no nosso sistema de crenças e mirando naquilo que almejamos transmitir e causar, seja em nível de pensamento, sentimento ou percepções na mente e no coração dos nossos hóspedes.

Como selecionar as cores da sua marca

Há mais de um milhão de cores disponíveis na roda das cores. Se você ainda não conhece esta ferramenta é um bom ponto de partida para se aprofundar neste universo. Criada pelo físico Isaac Newton no final do século 17, a roda das cores é uma representação visual, com tonalidades dispostas em um círculo.

Essa forma de apresentação permite que as relações de cor sejam representadas geometricamente, revelando a relação entre cores primárias, secundárias e terciárias. Na prática, isso significa que, na tradicional roda das cores de Newton, as cores primárias – também chamadas de cores puras – são o vermelho, o amarelo e o azul. A partir delas, é possível criar cores secundárias – laranja, verde, e roxo – misturando as cores primárias. O vermelho e o amarelo juntos, por exemplo, criam o laranja. Já o amarelo e o azul criam o verde. Depois, misturando cores secundárias e primárias, obtêm-se as cores terciárias. Essa última categoria é formada por 6 cores, dentre elas o vermelho-alaranjado e o azul-esverdeado.

> Para visualizar a roda, obter inspirações de paletas prontas que funcionam bem,
> além de explorar tendências de cores para o segmento de viagens, pode-se utilizar
> a ferramenta Adobe Color, disponível em https://color.adobe.com/pt.

Um mecanismo muito interessante dessa plataforma é encontrado na aba "criar": nela é possível extrair cores de uma imagem e salvá-las como paleta de cor. Caso uma hospedagem esteja inserida em um ambiente de natureza, por exemplo, pode-se fotografar um recorte desta paisagem, fazer o upload no *site*, e automaticamente o mesmo montará a composição de cores presentes na foto. Esse é um bom recurso para criar uma marca onde as cores têm forte identidade com o local na qual o empreendimento está inserido.

Pode ser que você esteja em dúvida sobre quais cores escolher para a identidade visual da sua hospedagem e o que seria fundamental considerar antes de selecioná-las. O primeiro passo é voltar aos valores da sua marca e refletir também sobre qual sensação você gostaria que o hóspede sentisse ao se deparar com suas cores. O vermelho, por exemplo, pode gerar sensação de excitação, enquanto os tons de azul costumam estar associados a sensações de relaxamento.

Além das sensações, outro ponto importante está no campo das associações. Você consegue imaginar um hotel voltado majoritariamente ao público de executivos de empresas onde a comunicação visual de marca e interior do empreendimento seja nas cores amarelo e roxo? Tenho certeza que não, pois essa não é a associação de cores esperada pelo público em uma hospedagem deste tipo.

O truque aqui é descobrir uma cor primária que defina a sua marca e a distinga das demais hospedagens concorrentes. Após decidir a cor primária, será necessário definir as cores secundárias e terciárias que ajudarão a formar uma paleta de cores interessante a fim de criar uma identidade única. Não é aconselhável que uma marca possua apenas uma cor, pois seria incapaz de criar uma hierarquia visual nos vários pontos de contato, seja no meio digital ou in loco na hospedagem.

Por outro lado, escolher mais de três cores para uma marca pode gerar confusão visual para o seu público. As cores precisam estar em harmonia umas com as outras, podendo ser monocromáticas, compostas, análogas, complementares, entre outras (utilizando a ferramenta Adobe Color indicada acima também será possível visualizar estas diferentes categorias).

Um bom exercício para auxiliar na escolha das cores seria considerar a marca como uma encarnação de alguma personalidade famosa. Todos identificavam Steve Jobs como o tipo que usava – em todas as ocasiões – uma blusa gola rolê preta, calça jeans azul clara e tênis cinza da marca New Balance. Você também pode pensar nas cores da sua marca de hospedagem como sendo as que ela vestirá sempre que estiver no palco pronta para "dar um show".

O significado das cores

Se perguntarmos para qualquer pessoa qual é a sua cor preferida certamente ela terá uma na ponta da língua. De acordo com Jonauskaite et al. (2016), adultos preferem a cor azul, seguida por vermelho, verde, marrom, amarelo e preto. Já as crianças, por outro lado, preferem as cores vermelho e amarelo, enquanto a preferência pelo azul e verde aumenta ao longo do tempo.

As cores geram estímulos nos seres humanos. Não à toa, restaurantes famosos como Mc Donald's, Burger King e Pizza Hut utilizam o vermelho e o amarelo em sua identidade visual para fomentar o desejo e apetite de seus clientes, enquanto os hospitais têm salas em um tom verde claro para acalmar os pacientes durante sua recuperação.

Ao levar em consideração as sensações causadas pelas cores na formatação da paleta da marca, chegaremos a uma identidade visual poderosa. Vejamos as principais cores elementares existentes, seus significados e contextos de utilização:

Preto

O preto é a ausência de cor. É o "Não" ao "Sim" do branco. Até por isso, branco e preto são os dois extremos. Essa cor pode enfatizar e impor as características de qualquer outra cor que a rodeia. Consequentemente, o preto é uma cor excelente para dar ênfase e praticamente tudo combina com ela.

O preto pode ser extremamente influente, sendo simbolicamente associado à cor do mistério, das coisas ainda não reveladas. É uma cor forte, versátil e inequívoca. O preto é uma cor polarizante que sugere um oposto: vazio / cheio, escuro / claro, bem / mal.

Por outro lado, o preto pode ser sofisticado, elegante e representativo. É uma escolha que funciona muito bem para hospedagens que desejem trabalhar com o conceito de luxo, boutique e glamour trazendo requinte para as suas marcas.

Azul

Azul é a cor da calma, do relaxamento e da unidade. Simbolicamente, o azul é a cor do céu e do oceano. Por esse motivo, existe uma necessidade fisiológica humana básica de ver o azul com frequência. Olhar para essa cor relaxa o sistema nervoso central e a pressão sanguínea. Consequentemente, as associações psicológicas com o azul são aquelas de tranquilidade, contentamento, gratificação e estado de paz.

Um artigo publicado em 2018 no European Journal of Preventive Cardiology por cientistas da Universidade de Surrey, no Reino Unido, e da Universidade Heinrich Heine de Düsseldorf, na Alemanha, concluiu que a luz azul foi tão efetiva na redução da pressão arterial quanto à própria medicação.

Os participantes do estudo foram expostos a 30 minutos de luz azul no corpo inteiro a, aproximadamente, 450 nanômetros, dose equivalente à luz solar diária. Após essa primeira etapa, em um dia diferente, os mesmos participantes foram expostos a uma luz de controle.

Com a intenção de verificar o impacto ocasionado pelo tratamento com as diferentes tonalidades de luzes, mediu-se a pressão arterial, a rigidez das artérias, a dilatação dos vasos sanguíneos e os níveis de armazenamento de óxido nítrico no plasma sanguíneo dos participantes durante o experimento e duas horas após a irradiação com as duas luzes.

Com os resultados em mãos, os cientistas descobriram que a exposição à luz azul reduziu significativamente a pressão arterial sistólica dos participantes em quase 8 mmHg, enquanto a luz de controle não gerou qualquer impacto.

O Azul é poderoso. Não é por acaso que tantas paletas no mundo corporativo o tenham em sua composição. Para determinadas culturas, o azul é a cor que afasta os maus espíritos e representa a máxima metáfora da cor para proteção. O famoso olho grego, por exemplo, utilizado como amuleto por muitos povos, é azul.

O azul tem as seguintes associações culturais: mares, céus, paz, unidade, harmonia, tranquilidade, calma, frescor, confiança, água, gelo, lealdade, conservadorismo, confiabilidade, limpeza, tecnologia, inverno, depressão, frieza e idealismo. Poucas associações negativas são feitas à essa cor, o que a torna uma escolha interessante para o desenvolvimento de uma marca de negócios.

Hospedagens que se localizam em regiões de sol e praia ou estejam buscando a construção de uma identidade visual associada à tranquilidade e relaxamento têm, no azul, uma possibilidade de escolha interessante.

Branco

O Branco é uma tonalidade neutra, porém muito importante. É a cor que representa paz, higiene, arrumação, inocência, pureza moral e limpeza. Também pode sugerir esterilidade e clareza. Embora seja uma cor neutra, o branco é considerado uma cor brilhante capaz de produzir fadiga óptica devido ao fato de ser altamente visível ao olho humano.

Tem as seguintes associações culturais: reverência, pureza, neve, paz, inocência, limpeza, simplicidade, segurança, humildade, casamento, esterilidade, inverno, frieza, clínica, rendição, covardia, temor.

Amarelo

O Amarelo é a cor da felicidade, expansividade e da falta de inibição. É o calor sempre bem-vindo do sol. O amarelo ousa sugerir um desejo de mudança; que as coisas nunca estão completamente em repouso. Combinado com outras cores, culturalmente traz uma mensagem visual característica. Com o preto, por exemplo, o amarelo sugere estado de alerta – pense em placas de trânsito, etiquetas para materiais perigosos ou faixas de interdição.

O amarelo é uma cor quente e também a primeira que o olho consegue processar. É brilhante, ensolarada, poderosa, acolhedora, alegre e a cor mais visível de todas para o olho humano.

Muitas de suas associações são positivas, como divindades com auréolas brilhantes e cabelos dourados, iluminação e metais preciosos. Por outro lado, pode evocar também algumas respostas negativas, em associações com desonestidade, covardia, legalismo, traição e cautela.

Um bom exemplo de hospedagem que se apropriou bem do amarelo para desenvolver a sua identidade visual jovial e vibrante foi a bandeira Jo&Joe da Accor.

Toda a comunicação visual da marca é descontraída e claramente voltada a um público-alvo bastante jovem, diferente dos outros empreendimentos da companhia. A escolha pela paleta de cor com amarelo, cinza, preto e branco se justifica pela proposta de valor desta bandeira que foi criada em 2016 e inaugura sua primeira unidade no Brasil em 2022, na cidade do Rio de Janeiro.

Segundo a Accor, o Jo&Joe é um *open house* para vizinhos e viajantes. Uma casa descolada, acessível e atenciosa, preenchida com design surpreendente, animações e talentos. Um lugar onde você se sente à vontade para conhecer e socializar, brindar, fazer refeições acompanhado, cozinhar, relaxar, rir, bater papo, sonhar, trabalhar, amar, fazer ioga, tocar violão, explorar a cidade e também dormir. Uma casa onde simplesmente vive-se intensamente.

O amarelo possui as seguintes associações culturais: luz do sol, amizade, diversão, felicidade, juventude, otimismo, positividade, idealismo, riqueza (ouro), verão, esperança, covardia, doença (quarentena), perigos, desonestidade, avareza e fraqueza.

VERMELHO

O vermelho é uma das cores primárias e pode ter muitos significados dependendo do contexto. Em um primeiro momento, essa cor tende a indicar um sinal de forte atenção a algo. Desde o ato de parar por conta do semáforo vermelho à bandeira fincada na areia pelos salva-vidas sinalizando o perigo vindo da forte correnteza do mar. Sem dúvida alguma, o vermelho é uma cor quente, poderosa, que chama bastante a atenção e é muito popular entre as marcas.

Ao mesmo tempo, também pode ser associado a fortes emoções e algumas sensações como paixão, urgência, drama, força, assertividade e, como já visto neste capítulo, é também um bom estimulante do apetite (usado por diversas marcas de alimentos e bebidas, como: McDonald's, Coca Cola, Pizza Hut, e KFC).

É a cor emblemática do dia dos namorados, do amor, da maçã vermelha e dos caminhões de bombeiros. Muitos motéis usam o vermelho em sua identidade visual por esse tipo de hospedagem estar associada à excitação, prazer e bons momentos.

Aqui cabe um parêntese quanto ao uso dessa cor considerando a cultura local e a função de cada tipo de hospedagem de acordo com o contexto e localidade que esteja inserida.

A palavra Motel surgiu por volta de 1925, quando o arquiteto norte-americano Arthur Heineman projetou um hotel destinado a motoristas, ao lado da rodovia que liga São Francisco a Los Angeles, nos Estados Unidos. Como os hóspedes em potencial do estabelecimento eram pessoas que viajavam de carro, o arquiteto juntou os primeiros fonemas de "motor" (de carro) aos últimos de "hotel" para compor o nome de seu projeto: Milestone Motel. O empreendimento existe até hoje – sob o nome atual de Motel Inn – e é um marco da história da hospitalidade.

No Brasil, como sabemos, os motéis possuem outra finalidade: acolher casais em encontros amorosos momentâneos. Esse tipo de hospedagem surgiu – clandestinamente – em terras brasileiras no ano de 1960, uma vez que os hotéis não permitiam as estadias com duração de poucas horas, sendo monitorados de perto pela ditadura militar. Em alguns estados, inclusive, policiais da (quase) extinta Delegacia de Costumes ficavam escondidos, cronometrando atentamente o tempo de estadia de um casal e, no momento do *check-out*, autuavam os amantes e o estabelecimento por crime contra os bons costumes.

Para fugir dos vigilantes da lei, os empresários do ramo na época foram buscar inspiração nos Estados Unidos, mais precisamente na criação do pioneiro Arthur Heineman. Surge assim, em 1968, o primeiro estabelecimento do gênero em uma estrada do município de Itaquaquecetuba, em São Paulo: o Motel Playboy.

Diversos outros empreendimentos foram construídos a partir deste em beiras de estradas. Por isso que hoje ainda é tão comum encontrar motéis nas rodovias mais ermas do Brasil. E claro: com vistosos letreiros vermelhos.

Fisiologicamente, o vermelho faz com que a pressão arterial, pulso e frequência do sistema respiratório subam; é uma cor que expande a energia. As associações do vermelho são com vitalidade, atividade, desejo e apetite. Simbolicamente, o vermelho representa sangue e conquista. Essa cor tem as seguintes associações culturais: paixão, força, energia, fogo, amor, sexo, excitação, velocidade, calor, liderança, masculinidade, poder, perigo, fogo, sangue, guerra, raiva, revolução, radicalismo, agressão e parada.

No universo das hospedagens pode ser utilizado também em empreendimentos que queiram transmitir a proposta de preço baixo ou categoria econômica. O vermelho está muito associado à urgência, descontos e promoções. Os hotéis Ibis, por exemplo, são mundialmente famosos por sua proposta de valor focada em economia. Hoje, a bandeira conta com 1.800 unidades espalhadas por diversos países e tem o seu posicionamento de marca consolidado na mente dos viajantes: quartos confortáveis e limpos, nenhum luxo e diárias extremamente acessíveis. A cor utilizada para representar a proposta econômica da Ibis? O vermelho, é claro.

Verde

Quando pensamos no verde, invariavelmente ligamos esta cor à natureza. De fato, a sua representatividade nesse sentido é muito grande, ainda mais quando pensamos em um contexto como o do Brasil onde a natureza é muito extensa. O Verde é uma cor primária, fria e de grande aceitação pelos seres humanos.

O verde representa o otimismo, boa sorte, saúde, frescor, fertilidade, e sugere que as coisas estejam melhorando. Não é coincidência que grande parte dos hospitais, clínicas e laboratórios façam uso dessa cor em seus logotipos e ambientes. Essa é uma boa percepção para aplicação na hotelaria hospitalar, que tem como um dos seus principais objetivos tornar a estadia dos hóspedes (pacientes) mais agradável durante o período de internação.

Como o verde é a cor do dinheiro, acaba tendo fortes associações com finanças, negócios, estabilidade econômica e direitos.

O verde é uma das cores mais relaxantes, pois não requer nenhum ajuste de visão dos olhos, além dos seres humanos serem capazes de discernir mais tons de verde do que qualquer outra cor (uma consequência biológica de nosso passado de vida muito mais ao ar livre do que entre quatro paredes).

Essa cor também tem o seu lado negativo. O verde está ligado à inveja, à doença (representações de vírus) e à comida em decomposição. O verde é bom também para itens de alto preço e produtos aspiracionais como, por exemplo, os relógios Rolex e os automóveis de luxo da Jaguar. Produtos ligados à espiritualidade ou cosméticos naturais também se apropriam bem desta cor, como é o caso da loja *The Body Shop*.

No campo das hospedagens, a aplicação mais comum do verde na paleta de cor da marca é em empreendimentos que estejam inseridos em um ambiente de natureza intensa, com ênfase em hotéis de selva – como os localizados na Amazônia – ou eco resorts como o majestoso Tivoli na Praia do Forte, Bahia.

O Anavilhanas Jungle Lodge é um bom exemplo de uso do verde na identidade visual da marca. Um pequeno e exclusivo Hotel de Selva, localizado em frente ao Parque Nacional de Anavilhanas, às margens do Rio Negro, a 180 Km de Manaus, no coração da Floresta Amazônica Brasileira.

O Verde possui, em linhas gerais, as seguintes associações culturais: natureza, primavera, fertilidade, juventude, meio ambiente, riqueza, dinheiro, boa sorte, vigor, generosidade, grama, inexperiência, inveja, infelicidade, ciúme, doença, ganância etc.

ÍCONES MÁGICOS

Os ícones mágicos são componentes fundamentais na metodologia das hospedagens memoráveis. Esses elementos são fragmentos da identidade da acomodação que proporcionam momentos fantásticos aos hóspedes. São um dos principais responsáveis por fazer com que uma estadia fique marcada para sempre na mente daqueles que a vivenciaram.

Os ícones mágicos devem fazer parte da estrutura fixa de encantamento e estarem presentes em todas as estadias. Isso irá garantir com que sejam uma marca registrada da hospedagem tornando-a única no mundo. Vamos a alguns exemplos:

Carta de boas-vindas

Na La Boutique Studios temos diversos ícones mágicos. A começar pela carta de boas-vindas. Todos os nossos hóspedes são recebidos com uma carta personalizada contendo seus nomes; salientando o quanto estamos felizes em recebê-los e reforçando a motivação da viagem. Esse reforço é fundamental, pois caracteriza que aquele momento foi pensado e preparado exclusivamente para eles e a hospedagem será um dos pontos altos que farão com que aquilo que motivou a vinda seja vivenciado de maneira positivamente memorável.

A motivação pode ser desde celebrar alguma data comemorativa como um aniversário de casamento ou simplesmente descansar durante o feriado. Saber previamente a motivação e destacá-la na carta de boas vindas torna o momento da chegada – que por sua vez é um dos mais importantes – ainda mais especial.

Caso não seja possível deixar uma carta de boas-vindas em todas as unidades habitacionais pelo alto volume de reservas, a mesma poderá ser substituída por um formato digital enviado via WhatsApp momentos após o *check-in*. Essa alternativa torna a operacionalização do processo mais célere e fácil, porém perde-se um fator muito interessante que é o da interação com o serviço.

A carta física permite o toque, o desembrulhar, a percepção de artesanalidade o que, em períodos extremamente digitais, confere um toque extraordinário a esse ícone, tornando-o até mesmo em algo palpável que possa ser guardado fisicamente como uma lembrança da viagem.

Douglas Peres

13 de jan. – 17 de jan. de 2022
RIO Nomad House

Avaliação geral　　　　　★★★★★

Comentário público　　　　Responder >

It was a fantastic stay and a warmth welcome with letter and crafted beers.
The environment is modern and cozy. The place is amazing and I would definitely return in a future opportunity.
Thanks

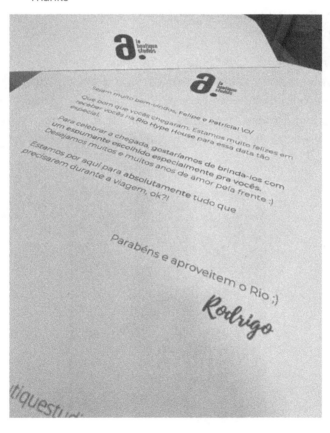

Open Frigobar

Sem dúvida nenhuma, um dos ícones mágicos mais emblemáticos da La Boutique Studios é o frigobar recheado com bebidas alcoólicas e não alcoólicas de cortesia para os hóspedes. Não importa se é uma reserva curta de poucas centenas de reais ou uma magnífica de Carnaval, todos são recebidos com o nosso Open frigobar. O impacto positivo causado pela percepção de valor pelos hóspedes em relação a esse ícone é incrível.

Como o frigobar é algo historicamente muito presente dentro da hotelaria tradicional e em praticamente todas as hospedagens as bebidas que o compõem são cobradas mediante o consumo, pensamos em quebrar esse paradigma e ofertar os itens gratuitamente.

Inicialmente começamos com itens básicos e, em 2022, desenvolvemos e incluímos a de cortesia a nossa própria cerveja artesanal feita exclusivamente para os nossos hóspedes e disponibilizada em todas as estadias. Agora, além do open frigobar, a cerveja também entrou para o nosso conjunto de ícones mágicos.

Inclusive, observar o *status quo* do setor de hospitalidade e pensar no que pode ser mudado mostra-se um excelente exercício para gerar inovação em hospedagens. *Status quo* é uma expressão do latim que significa "o estado das coisas". Logo, mudar o *status quo* quer dizer alterar o padrão daquilo que talvez possa ser feito de uma maneira mais inovadora, eficiente, com menor custo ou com maior impacto positivo para os hóspedes.

"Foi uma estadia fantástica e uma recepção calorosa com carta e cervejas artesanais. O ambiente é moderno e aconchegante. O lugar é incrível e eu definitivamente voltaria em uma oportunidade futura. Obrigado". Essa foi uma das avaliações da Rio Nomad House, uma das acomodações da La Boutique Studios.

Como esta, temos centenas de outras nas quais os nossos ícones mágicos são citados pelos hóspedes. Esse tipo de avaliação é o que chamamos de avaliações quentes. Ela vai além do comentário comum. São as verdadeiras provas de que a hospedagem realmente conseguiu ocupar um lugar no coração e na mente do hóspede. E o melhor: as avaliações quentes são responsáveis por aumentar a percepção de valor daqueles que estão buscando uma acomodação nas plataformas de reserva e tornam-se um poderoso gatilho de decisão entre a sua e a hospedagem concorrente.

A partir da observação do que poderíamos mudar no *status quo* em relação ao frigobar, criamos também um dos ícones mágicos preferidos dos nossos hóspedes seguindo a mesma teoria, o qual apresento a seguir.

Tag Me Divirta

Observando os ícones marcantes da hotelaria clássica, também ressignificamos a tradicional *tag* (ou placa) de "não perturbe" costumeiramente pendurada do lado de fora da acomodação para indicar que o hóspede não deseja ser incomodado.

Na versão da La Boutique, utilizamos a *tag* com outra finalidade: apresentar ao hóspede uma curadoria com as melhores opções do que fazer no Rio de Janeiro. Dos passeios tipicamente cariocas aos pouco conhecidos, passando pelos melhores bares e restaurantes divididos em dezenas de categorias e atualizados frequentemente. Os eventos que acontecem na cidade naquele determinado mês também são sugeridos.

Basta apontar o celular para o QR Code presente na *tag* e o redirecionamento levará a uma página interna e invisível do nosso *site*, exclusiva para aqueles que estão hospedados em um dos nossos studios.

Outro diferencial desse ícone presente em todas as nossas hospedagens é onde o colocamos: na parte interna da porta dos banheiros ao invés da porta de entrada do apartamento. A explicação é simples: se os ícones estiverem distribuídos nos diferentes cenários (cômodos) do apartamento, a jornada do hóspede se torna mais envolvente, resultando em descobertas, diferentes interações dentro da acomodação e momentos WOW inesquecíveis.

O comportamento humano padrão dos tempos modernos pressupõe a ida ao banheiro com o celular na mão e, como o hóspede provavelmente ficará alguns minutos por lá, a *tag* de divertimento o ajudará a passar o tempo, tornado a viagem mais incrível a partir da descoberta de lugares que não são facilmente encontrados nas pesquisas rotineiras feitas no Google.

Outros ícones mágicos em hospitalidade

Que os ícones são peças fundamentais para tornar uma empresa memorável já está claro. Contudo, o grande segredo no caso dos ícones mágicos é implementá-los ao longo da jornada do hóspede para que sejam componentes fundamentais da experiência de hospedagem. Alguns exemplos inspiracionais de grandes marcas de hospitalidade:

A GOL E A SUA REVISTINHA DE BORDO

Se você já embarcou para voar para o seu próximo destino em uma das mais de 110 aeronaves da GOL Linhas Aéreas, certamente já se entreteve com a ótima revista da marca disponibilizada (gratuitamente) em cada um dos assentos para todos os passageiros.

Na realidade, a revista da GOL é muito mais do que uma simples revista. Ela é um ícone mágico da companhia aérea. Com uma tiragem de 110 mil exemplares mensais, poderia ser desafiador e até mesmo estranho manter uma publicação impressa frente à disputa pela atenção dos passageiros com conteúdos audiovisuais e internet. Contudo, a revista é um dos primeiros símbolos da marca que vem à mente dos seus passageiros quando perguntados sobre o que mais gostam na experiência de voar com a GOL.

A Revista GOL – como é chamada internamente pela empresa – vai além de sua função como impresso: ela é o principal canal de expressão da marca. O projeto gráfico e o conteúdo editorial da publicação espelham um olhar atento sobre o tempo e as mudanças que o definem. A partir disso, aborda mensalmente temas importantes para a sociedade brasileira – e para o mundo.

A relevância da Revista GOL é reconhecida por prestigiados prêmios, como o PROPMARK, que a elegeu a melhor revista customizada em 2015, 2018 e 2019. Recebeu também a mais importante premiação de conteúdo de marca do mundo, o Pearl Awards 2017, na categoria "Best Print Magazine (Design) B2B".

De acordo com a Diretora de Experiência do Cliente GOL, Carolina Trancucci, em entrevista ao *podcast* Open House, além de ser um dos principais ícones da marca, a revista é também uma de suas maiores fortalezas. Mais do que uma importante ferramenta de comunicação e entretenimento, esse ponto de contato com o impresso tem como principal objetivo diminuir a pressão da carga emocional sentida por muitos passageiros durante o voo.

A GOL fez uma pesquisa com seus passageiros na qual identificou que uma grande parcela tem medo de voar e não se sente plenamente confortável durante o trajeto. Além desse desconforto natural, há também a grande complexidade gerada pela combinação de emoções dentro do avião. Muitos passageiros estão viajando para vivenciar momentos felizes – como as tão sonhadas férias – enquanto outros podem estar se deslocando por motivações dolorosas – como o velório de um ente querido.

A revista, bem como os demais procedimentos operacionais e relacionais realizados pela tripulação durante o voo, visam a diminuição desse esforço físico e emocional dos passageiros causados pelo ato de voar. Além de configurar um fantástico ícone mágico, a revista de bordo é também um elemento fundamental da experiência GOL.

Menu Espiritual do The Sentinel Hotel

Na cidade de Portland, nos Estados Unidos, está localizado o The Sentinel Hotel. O Sentinel é um dos 14 hotéis da americana Provenance, uma rede com grande foco na experiência do cliente. A rede se posiciona como "*We are people first, hoteliers second*", ou seja, somos pessoas em primeiro lugar, hoteleiros em segundo.

Com uma extensa lista de comodidades por assinatura, uma coleção de arte curada e dois dos melhores estabelecimentos culinários da cidade de Portland – Jake's Grill and Fortune, o vibrante Sentinel Hotel é o lugar dos criativos, empreendedores e líderes.

Além de diversos *amenities* diferenciados produzidos pela comunidade local, este hotel tem um ícone mágico incomum, mas extremamente humanizado: todos os hóspedes têm um menu espiritual à disposição, no qual podem escolher entre títulos religiosos variados que vão desde o islamismo ao budismo. A oferta é gratuita e basta pegar os livros emprestados durante a estadia e devolver na hora do *check-out*.

Esse ícone reflete o posicionamento do hotel de valorizar e colocar as pessoas em primeiro lugar. Normalmente – embora já pouco usual – encontra-se uma bíblia nas mesas de cabeceira das acomodações mais tradicionais o que, evidentemente, não reflete a pluralidade cultural que qualquer hospedagem memorável deve praticar e honrar. Esse ícone é também mais um excelente exemplo de quebra do status quo no mercado da hospitalidade.

ÍCONES MÁGICOS VS. AÇÕES DE ENCANTAMENTO

Os ícones mágicos são símbolos que formam a marca registrada de uma hospedagem. Eles têm como princípio fundamental gerar diferenciação e também formar um ecossistema de encantamento. Contudo, é importante atentar para a diferença entre ícones mágicos e ações de encantamento. Um ícone mágico sempre será uma ação de encantamento. Contudo, o contrário não se aplica obrigatoriamente.

Um exemplo prático: suponhamos que, em determinado ano, para surpreender seus hóspedes, uma hospedagem tenha decidido dar um par de sandálias brancas para todos aqueles que tivessem reservas para o réveillon. Sem dúvida alguma, essa pode ser considerada uma ação de encantamento e consequentemente terá um grande efeito na experiência de hospedagem desses hóspedes.

No entanto, embora seja uma excelente ação, foi algo estritamente pontual. As sandálias, nesse caso, não podem ser consideradas um ícone mágico da marca, pois para ser considerado um ícone mágico, o ato da entrega das sandálias precisaria ser realizado em todas as estadias, independentemente da época do ano.

Como os ícones mágicos devem se fazer presentes em todas as estadias e serem percebidos pelos hóspedes como uma marca registrada da hospedagem, concluímos que esses elementos também devem fazer parte do Ritual da marca, o quarto ativo do sistema de crenças do Primal Branding, o qual veremos a seguir.

1.4. Os Rituais

De acordo com o significado presente no dicionário Michaelis, a palavra ritual constitui os atos e o conjunto de práticas próprias de qualquer rito cerimonial. Podemos pensar também da seguinte maneira: o ritual é uma cerimônia especial (como uma missa, por exemplo) formada por um conjunto de ritos, gestos e palavras próprias.

Em um primeiro momento, tendemos a associar os rituais unicamente às cerimônias religiosas. Contudo, esses momentos estão muito mais presentes em nossas vidas do que podemos perceber. Todos nós estamos familiarizados com os principais rituais especiais da vida social como casamentos, funerais, desfiles de carnaval, cerimônias de formatura e festas de 15 anos. Entretanto, a nossa vida cotidiana também está repleta de outros comportamentos ritualísticos importantes.

Os rituais matinais – atualmente tão comentados pelos profissionais de produtividade – são um bom exemplo disso. O que você faz quando o despertador toca: levanta da cama de primeira e escova os dentes ou implora mais 5 minutos para o soneca? Bebe um copo de água ou permanece deitado mexendo no celular? Toma um café da manhã demorado ou sai de casa sem comer nada? Todas essas ações (ritos) compõem o seu ritual matinal.

A maneira como dirigimos para o trabalho ou o percurso habitual que fazemos para pegar o ônibus são interações repetidas que fazemos todos os dias e, na maioria das vezes, não nos damos conta de que estamos fazendo. Apenas executamos repetidas vezes, dia após dia, de uma maneira ritualística.

Outros rituais podem nem mesmo parecer rituais, uma vez que são realizados algumas poucas vezes ao longo da vida. Escolher e comprar um colchão, instalar um novo tapete, comprar uma nova casa são eventos rituais que não fazemos todos os dias, mas que, mesmo assim, contêm importantes pontos de contato e podem resultar em boas ou más experiências.

As consultas médicas e odontológicas são rituais, embora muitas pessoas não gostem. Entrar todos os dias no seu *site* preferido de notícias na internet ou fazer uma busca no Google também são rituais. O ritual é um instrumento que possibilita substituir o caos pela ordem. Rituais são engajamentos ativos que podem ser imbuídos de um significado positivo ou negativo.

O mundo dos serviços também está repleto de rituais e, na realidade, os consumidores amam isso, por mais que não percebam conscientemente. Quando um cliente entra em uma loja da Starbucks e faz o pedido no caixa, a sempre simpática e amistosa atendente pergunta o seu nome e o escreve no copo com uma letra bonita (e algumas vezes uma carinha sorridente). Quando o pedido fica pronto, o barista chama o cliente pelo nome em voz alta e entrega o café em mãos. Este é um dos rituais mais famosos da Starbucks.

O Ice Cream Roll transformou o ato de tomar sorvete em um alegre ritual que mistura pedaços de sorvete, chocolate, calda e diversos outros ingredientes preparados em forma de rolinhos sobre uma placa fria de -25º. Os atendentes preparam a combinação escolhida pelo cliente performando em um show de espátulas muito rápidas que trabalham na homogeneização, aeração e cremosidade da massa. Depois de 2 minutos, a massa é espalhada em uma fina camada uniforme na chapa. Essa camada é raspada em rolinhos com o sabor perfeito. Tudo isso na frente do cliente.

Os rituais também notam o passar do tempo. A passagem do Ano Novo marca a passagem de um ano para o outro. Os casamentos celebram a união de dois indivíduos em um casamento. Os funerais anotam a passagem para outro mundo. A fumaça fora do Vaticano marca a introdução de um novo papa. A entrega da faixa do ex-presidente para o novo eleito no Palácio do Planalto em Brasília.

Rituais são, na perspectiva do Primal Branding, o conjunto de pontos de contato entre o cliente e a marca para que a experiência se torne mais agradável, mais envolvente, seja aprimorada ou simplificada, menos frustrante, ou até mesmo mais divertida. Note que a vitalidade da sua marca virá com o número de interações positivas que ela terá ao longo do processo de relacionamento com o hóspede.

PALÁCIO TANGARÁ

Inaugurado em 2017, o Palácio Tangará se posiciona como um oásis urbano de elegante hospitalidade no coração da capital econômica e cultural do Brasil, São Paulo. Um hotel de luxo cercado pelo intocado verde do Parque Burle Marx. O Tangará possui 141 espaçosos apartamentos, sendo 59 suítes, todos com vista para o lindo parque.

Aqueles que contratam o serviço de *transfer* do hotel vivenciam um ritual ímpar desenhado para acolher e encantar. No saguão de desembarque, o motorista recepciona o hóspede com um dispositivo sinalizando o seu nome e o logotipo do Palácio Tangará. De maneira extremamente cordial, o hóspede é conduzido até o carro – de luxo – que o levará para o Panamby, bairro onde se localiza o hotel. O motorista abre a porta e, após todos estarem acomodados no veículo, é entregue uma bolsa personalizada contendo toalhas frias para higienização das mãos. Dentro do carro, há um *cooler* com bebidas geladas à disposição dos passageiros.

Ao longo do trajeto, o motorista entrega um *tablet* para o hóspede com um vídeo aparentemente institucional. Ao apertar o play, a grande surpresa na tela: o *guest relations* do Palácio surge dando as boas vindas nominalmente para o hóspede. É isso mesmo: o vídeo é feito exclusivamente para cada um que contrata esse serviço e mostra, além das diversas áreas e opções de lazer do hotel, a suíte que o hóspede ficará hospedado.

Ao chegar ao oásis urbano, adivinhe quem está na entrada do lobby principal para recebê-lo com um grande sorriso no rosto? Exatamente: o *guest relations* do filme. Sem dúvida alguma uma experiência memorável.

1.5. Palavras Sagradas

Todos os sistemas de crenças vêm com uma linguagem, ou seja, um conjunto de palavras específicas que devem ser aprendidas antes que as pessoas possam fazer parte de uma determinada comunidade. Nas religiões, as palavras são importantes a ponto de serem praticamente sagradas.

Se você é católico, certamente as palavras "amém", "aleluia", "ave maria" e "juízo final" carregam um grande significado para você. São muito mais do que simples palavras corriqueiras. Já para um adepto do candomblé, "axé", "eparrêi" e "abá" são de fundamental conhecimento para que possa seguir e pertencer à comunidade que segue essa religião de matriz africana.

Para os amantes do *fast food* que costumam ir com frequência ao McDonald's, o significado de "McOferta" é algo que está na ponta da língua. Certamente eles também "Amam tudo isso" e muitos têm a sua "Méquizice" (aquelas manias individuais e peculiares de consumo dos lanches da rede como, por exemplo, molhar a batata frita no creme de baunilha do sundae antes de comer).

As palavras sagradas são um elemento tão expressivo para o *Branding* que, muitas vezes, elas se originam dentro da própria comunidade. Ainda no exemplo do McDonald's, a gigante dos hambúrgueres percebeu que uma imensa parcela de clientes possuía uma afetividade tão grande com a marca que a chamavam carinhosamente de "Méqui". A fim de aprofundar esse elo emocional de conexão, a própria empresa passou a se chamar de Méqui no Brasil criando, inclusive, campanhas a partir dessa expressão – como é o caso da méquizice – e também nomeou lojas, como a Méqui 1.000, localizada na Avenida Paulista em São Paulo.

Se o universo mágico da Disney fez parte da sua infância (ou da dos seus filhos) certamente você memorizou as canções de Aladdin, Rei Leão ou o refrão empolgante de liberdade da Frozen. Além disso, nomes como Minnie, Mickey Mouse, Pateta, Pluto e Pato Donald fazem parte do seu vocabulário.

As palavras dizem muito sobre nós. Médicos, advogados, profissionais de publicidade, atores, carpinteiros, cientistas, açougueiros, farmacêuticos e mecânicos de automóveis, todos têm uma terminologia profissional, mais comumente chamadas de jargão da profissão. E cada uma tem o seu dicionário próprio. Quando escuto alguém falando *early check-in* e *late check-out*, ao invés de entrar mais cedo e sair mais tarde, já sei que essa pessoa provavelmente é do mundo da hospitalidade.

Portanto, palavras sagradas não são simplesmente jargões profissionais, mas também cruciais para a compreensão de um processo técnico. Essas palavras têm o poder de unir as pessoas como um grupo e muitas vezes determinantes para se trabalhar em conjunto de forma eficaz.

Muitos produtos e serviços têm palavras dedicadas ao seu uso ou processo. Se você pretende comprar um iPhone, um Macbook ou um iPad sabe exatamente em qual loja deve ir. Quando precisamos enviar uma encomenda para alguém que está distante, temos a opção de PAC ou SEDEX e sabemos exatamente o que isso quer dizer e onde precisa ser feito.

A linguagem é um dos maiores recursos que o ser humano possui. O homem depende do uso rotineiro da linguagem para viver em sociedade. Ela é a base de todas as culturas e dificilmente haveria civilização, não fosse o emprego da linguagem e o poder das palavras. É através delas que influenciamos e provocamos as mudanças, quase sempre, necessárias para construir uma vida melhor.

As palavras sagradas da La Boutique Studios

Dentro da La Boutique Studios também utilizamos algumas palavras sagradas. Paulatinamente vamos inserindo cada uma delas ao longo da jornada do hóspede, desde a interação com a marca no ambiente digital, passando pela estadia até o momento de *check-out*.

Como focamos muito em experiências personalizadas e superação de expectativas, "WOW" e "estadia memorável" são algumas das palavras que compõem o nosso vocabulário. Em todas as nossas interações com os hóspedes buscamos o fator surpresa, aquilo que eles não esperavam que fosse acontecer: o momento WOW.

Quando o hóspede sente essa sensação é o momento de pico da estadia. E acreditamos que um dos principais momentos de pico da experiência deve ser justamente o ato da reserva. Nessa primeira etapa o processo de encantamento deve começar com força total. Por isso, lançamos mão dessas duas palavras abrindo a mensagem de confirmação/ boas-vindas:

"Wooow! Reserva Confirmada, Melina \O/".

"Será incrível receber vocês em um La Boutique Studios. Tenho certeza que será uma estadia memorável…".

Não é incomum ver o uso da palavra memorável acompanhada pelas palavras experiência ou estadia nas avaliações feitas por nossos hóspedes nas plataformas de reserva. Como vamos reforçando o nosso vocabulário por meio da comunicação ao longo da jornada de hospedagem – inclusive no *check-out* – o hóspede associa e muitas vezes a utiliza nos comentários públicos.

1.6. O Líder

Todos os sistemas de crenças de sucesso têm uma pessoa que é o catalisador, o tomador de riscos, o visionário. Aquele que partiu contra todas as probabilidades (e muitas vezes contra o padrão em geral) para recriar as coisas de acordo com seu próprio senso de identidade, comunidade e oportunidade.

A lista de tais pessoas é tão longa quanto à própria história. Exemplos recentes incluem pessoas como Henry Maksoud (Hotel Maksoud Plaza), César Ritz (Ritz Hotel), Mark Zuckerberg (Facebook), Steve Jobs (Apple), Bill Gates (Microsoft), Luiza Helena Trajano (Magazine Luiza), Jeff Bezos (Amazon), Abílio Diniz (Grupo Pão de Açúcar) e tantos outros que lideraram empresas, marcas, movimentos, causas e ideologias para criar negócios e comunidades que façam diferença no mundo.

O líder pode ser o fundador da companhia, como os lendários Walt Disney e Jasper Newton Daniel, do icônico Whisky Jack Daniels. Contudo, o líder também pode ser o indivíduo forte que toma seu lugar tanto funcional quanto simbolicamente dentro da organização. Luiza Helena Trajano não fundou a Magazine Luiza, mas foi a grande responsável por tornar a varejista digital brasileira o sucesso que ela é hoje. Além de transformar internamente os rumos da empresa, Luiza também é a personalidade admirada por sua comunidade e que personifica a marca.

O papa não fundou o catolicismo, mas é o seu representante. Assim como os rabinos lideram o judaísmo. Todos os presidentes desde Marechal Deodoro lideraram o Brasil. Outros líderes podem ser encontrados dentro dos estratos da organização:

os gerentes de A&B, o chefe de recepção, os líderes de equipes, especialistas em atendimento, as governantas e os gerentes de hospedagem, coordenadores dos recursos humanos e o gerente geral. Todos são importantes em nível de liderança para o sucesso ou o fracasso da marca, da operação do hotel e da causa.

A empresa sem um líder é como fazer uma viagem de carro por um lugar desconhecido sem GPS. Ela pode eventualmente chegar a algum lugar, mas a probabilidade de se perder no caminho é extremamente elevada. Muito tem sido escrito sobre os riscos, responsabilidades e recompensas da liderança. No entanto, deve ser notado que a busca do líder na narrativa primordial frequentemente se torna mítica simplesmente porque essa é a forma mais poderosa de contar histórias.

Ninguém está interessado em uma história sem um protagonista incrível. A maioria dos líderes sobre os quais ouvimos falar tem algo em comum, seja ele um personagem mais midiático ou com maior presença nos bastidores. Alexandre Costa (Cacau Show), Faustão (apresentador), Flávio Augusto (WiseUp), Chieko Aoki (rede Blue Tree hotéis) e outros tantos são homens e mulheres com sonhos e execuções que almejam deixar o seu legado no mundo.

Liderar é, acima de tudo, um ato de coragem e doação. O líder deverá ser aquele com a capacidade de reunir todo o sistema de crenças de uma marca e conectá-lo à sua comunidade de admiradores, seguidores, clientes e evangelizadores. Um líder deve aparecer e se fazer presente. Deve ser facilmente reconhecível pelos colaboradores e pela comunidade. Ele é a personificação e o grande representante da empresa.

Na gestão de hospedagens, outros líderes podem ser elencados para assumir essa responsabilidade em seus respectivos setores, imprimindo o ato de liderança para com a sua equipe. Se você estiver nesse papel atualmente, é fundamental analisar qual o seu perfil de condução, bem como o grau de satisfação pessoal e coletiva gerado com o desempenho de liderança apresentado até agora.

Essa análise será importante para aprimorar ou mudar completamente os rumos daqui para frente uma vez que, sem uma liderança bem estabelecida, a implementação da cultura de experiência e encantamento dos hóspedes se torna muito mais complexa. Para iniciar os trabalhos de análise, recomendo identificar qual o seu estilo de liderança atual e, caso acredite que precisa modificá-lo, definir o que mais se adéqua à necessidade presente da marca, do líder, da equipe e da comunidade.

OS 5 ESTILOS DE LIDERANÇA

1. Liderança autocrática

Os estilos autocráticos de liderança permitem a um líder impor expectativas e definir resultados. O líder autocrático espera que sua equipe faça exatamente o que é determinado por ele, de acordo com processos tradicionais. É um modelo de liderança mais rígido, bastante usado em organizações onde se deve respeitar uma série de regras e hierarquias como, por exemplo, nos comandos militares e nos hospitais.

Embora até seja uma estratégia eficiente em períodos de tempo limitado, a criatividade acaba sendo sacrificada uma vez que a contribuição da equipe em ideias e execuções é muito limitada. Não é visto atualmente como um estilo moderno de liderar, contudo, pode ser utilizado em fases iniciais quando os membros da equipe ainda não possuem a experiência ou capacidade técnica necessária para desempenhar suas funções sem supervisão, precisando de orientações claras e detalhadas.

Vantagens da liderança autocrática

- O tempo gasto na tomada de decisões cruciais pode ser reduzido;
- A cadeia de comando pode ser claramente enfatizada;
- Os erros na implementação de planos podem ser reduzidos;
- A utilização de estilo de liderança autoritário cria resultados consistentes.

Desvantagens da liderança autocrática

- Um estilo de liderança muito rigoroso pode, por vezes, levar a um elevado grau de descontentamento por parte da equipe;
- Mata a criatividade e inovação dos colaboradores;
- Reduz a sinergia e colaboração de grupo;
- Devido a centralização de tudo, provoca uma grande sobrecarga no líder;
- A liderança autocrática aumenta a taxa de rotatividade dos colaboradores.

2. Liderança participativa

Uma forma oposta ao modelo autocrático. Os estilos de liderança participativa estão enraizados na teoria democrática. A essência é envolver os membros da equipe no processo de tomada de decisão. Assim, os membros do time se sentem incluídos, engajados e motivados a contribuir.

O líder normalmente ainda tem a última palavra nos processos de tomada de decisão, porém dá voz aos colaboradores e promove um espaço de colaboração. Com isso, a equipe considera que as suas contribuições são parte integrante do processo, gerando níveis mais altos de comprometimento e criando um ambiente de trabalho mais satisfatório.

Vantagens da liderança democrática

- Aumenta a motivação dos colaboradores e a satisfação no trabalho;
- Encoraja o uso da criatividade dos da equipe;
- Um estilo de liderança participativa ajuda na criação de uma equipe forte e engajada;
- Um alto nível de produtividade pode ser alcançado.

Desvantagens da liderança democrática

- Os processos de tomada de decisão se tornam demorados;
- As falhas de comunicação podem às vezes acontecer;
- As questões de segurança podem surgir devido à transparência no compartilhamento de informações;
- Decisões ruins podem ser tomadas se os colaboradores não forem qualificados.

3. Liderança delegativa

Também conhecido como "*laissez-faire leadership*". Um estilo de liderança delegativa foca em delegar tarefas aos membros da equipe com muito pouca ou nenhuma supervisão. Esta pode ser uma estratégia de sucesso se os membros da equipe forem competentes, assumirem a responsabilidade e possuírem grande inteligência emocional.

Um dos pontos mais interessantes desse estilo é que, por ser altamente descentralizado, permite que o líder se dedique a outros projetos e atividades, já que não estará investindo parte do seu tempo no gerenciamento da equipe.

O grande problema desse modo de liderança é que, as discordâncias entre os membros podem dividir o grupo, levando à falta de motivação e conflitos.

Vantagens da liderança delegativa

- Funcionários experientes podem tirar proveito de sua competência e conhecimento;
- A inovação e a criatividade são altamente valorizadas;
- A liderança delegativa cria um ambiente de trabalho positivo.

Desvantagens da liderança delegativa

- A responsabilidade de comando não é devidamente definida;
- A liderança delegativa cria dificuldade de adaptação à mudança.

4. Liderança transacional

Os estilos de liderança transacional usam "transações" entre um líder e seus seguidores – recompensas, punições e outras trocas – para realizar o trabalho. O líder estabelece metas claras, e os membros da equipe sabem como serão recompensados por seu cumprimento.

Este estilo de liderança "dar e receber" está mais preocupado em seguir as rotinas e procedimentos estabelecidos de maneira eficiente do que em fazer qualquer mudança transformacional em uma organização.

O grande ponto positivo da liderança transacional está na diminuição das dúvidas e equívocos, uma vez que as tarefas são passadas com clareza e objetividade, assim como se espera que o sucesso deva se parecer. Outro fator interessante é em relação ao ciclo de *feedback*, ferramenta constantemente aplicada para que o colaborador sempre saiba como está andando o seu desempenho, seja ele bom ou ruim.

Vantagens da liderança transacional

- Os líderes criam metas específicas, mensuráveis e limitadas no tempo, que são alcançáveis para os colaboradores;
- A motivação e produtividade dos funcionários é aumentada, pois há recompensas constantes;
- A liderança transacional elimina ou minimiza a confusão na cadeia de comando.
- Cria um sistema que é fácil de implementar para os líderes e fácil de seguir pela equipe;
- Os funcionários podem escolher (ou não) os sistemas de recompensa.

Desvantagens da liderança transacional

- A inovação e a criatividade são minimizadas;
- A empatia não é valorizada;
- A liderança transacional cria mais seguidores do que líderes entre os colaboradores.

5. Liderança Transformacional

Nos estilos de liderança transformacional, o líder inspira seus seguidores com uma visão e depois os encoraja e os capacita a alcançá-la. O líder também serve como um modelo para a visão de futuro e evita a microgestão, estando focado muito mais em inspirar e motivar sua força de trabalho.

Vantagens da liderança transformadora

- Leva a uma taxa de rotatividade mais baixa;
- A liderança transformacional dá alto valor à visão corporativa;
- A autoestima da equipe é frequentemente experimentada;
- Ela usa motivação e inspiração para obter o apoio dos colaboradores;
- Não é uma abordagem coerciva à liderança;
- Dá alto valor aos relacionamentos.

Desvantagens da liderança transformadora

- Os líderes podem ludibriar os colaboradores;
- A motivação consistente e o *feedback* constante podem ser necessários;
- As tarefas não podem ser realizadas sem o acordo dos colaboradores;
- A liderança transformacional às vezes pode levar ao desvio de protocolos e regulamentos.

1.7. Os Descrentes

Como diz o ditado popular: "É impossível agradar a todo mundo".

Ao construir uma comunidade que compactue com os credos de uma marca, inevitavelmente projeta-se também uma parcela daqueles que não acreditam nesse sistema de crenças. Esses são os chamados pagãos ou descrentes dentro do Primal Branding.

Parte de dizer quem você é e o que você representa é também declarar quem você não é e o que você não representa. A mesma coisa ocorre quando pensamos em marcas e organizações. O oposto da Coca-Cola é a Pepsi. Assim como o Burger King é o lado oposto do McDonald's. A comunidade da Apple não usa Samsung e vice e versa. Hertz e Avis; hotéis de luxo e hotéis econômicos; alimentos industrializados e alimentos orgânicos; Visa e Mastercard; MSC e Costa Cruzeiros.

Vivemos em um mundo que se definiu por contraste e paradoxo por milhares de anos. Definir os descrentes da marca é importante para definir quem a marca não quer ser. Isto pode ser difícil quando não queremos excluir clientes potenciais e mercados de massa para as nossas hospedagens. Afinal, quem não acredita em uma cama confortável, ar-condicionado super gelado e frigobar recheado de itens maravilhosos? Bem, provavelmente viajantes que queiram viver uma experiência de *camping* e conexão com a natureza no meio do mato. E tudo bem, pois não há nada de errado com isso. Contudo, esses hóspedes não estarão – ao menos naquela viagem – alinhados ao sistema de crenças de outros tipos de hospedagem que não sejam da tipologia *camping*.

Eleger as crenças antagônicas à marca de hospedagem e ir contra elas é uma boa ferramenta de posicionamento, sejam elas o hotel concorrente ou uma ideologia conceitual. Por "ir contra" não entenda como uma estratégia focada em falar mal da concorrência ou realizar alguma jogada desleal. Aqui estamos nos referindo essencialmente ao sistema de crenças da marca. Assuma as suas crenças, seja leal a elas e as defenda junto à sua comunidade.

É importante não confundir um hóspede insatisfeito com um descrente. Um hóspede que tenha feito uma reserva, a princípio a efetivou, pois compactuou com o sistema de crenças daquela hospedagem. Pode ser que a experiência vivida não tenha atingido e tão pouco superado as suas expectativas. Contudo, é preciso analisar o que ocorreu durante a estadia e entender se a falha foi operacional ou se houve um desalinhamento de expectativas do hóspede com aquilo que foi prometido pela hospedagem.

CAPÍTULO 7
O MANUAL DE ENCANTAMENTO

O MANUAL

As ações de encantamento são peças-chave na construção de estadias incríveis que ficarão guardadas para sempre na lembrança dos hóspedes. Se a entrega mínima estiver assegurada, essas serão poderosas ferramentas que podem transformar uma hospedagem comum em uma hospedagem memorável.

Além de serem responsáveis pela produção do tão buscado momento wow, as ações de encantamento visam gerar um contexto com os mais diversos estímulos, explorando diferentes sensações e causando sentimentos e emoções extremamente positivas nos hóspedes.

Neste manual você encontrará dezenas de exemplos práticos que já testamos, validamos e aprimoramos com sucesso em centenas de estadias na La Boutique Studios, além de uma curadoria de ações feitas em dezenas de hospedagens singulares ao redor do mundo. A aplicação do material contido neste manual pode servir para qualquer tipo de hospedagem, seja como uma ação pontual ou até mesmo incorporando como parte do ritual da marca.

As ações de encantamento que você verá a seguir podem ser reproduzidas exatamente como constam neste guia. Porém, como cada estadia tem um contexto diferente e deve ser pensada de maneira individualizada, recomenda-se tomar a base da ação como inspiração, porém reproduzi-la levando em consideração a realidade operacional e a proposta de valor da sua hospedagem.

As ações funcionam como gatilhos para estimular sensações nos hóspedes com base nos 5 sentidos sensoriais humanos: visão, audição, tato, paladar e olfato. Essas sensações consequentemente liberam os chamados hormônios da felicidade: dopamina, ocitocina, endorfina e serotonina. Hormônios da felicidade são neurotransmissores capazes de gerar sensações como alegria, recompensa e bem-estar.

Segundo estudos do instituto de pesquisa Veronis, Shler & Associados, 83% da percepção humana são captados pela visão; 11% pela audição; 3,5% pelo olfato; 1,5% pelo tato e 1% pelo paladar.

Cada um dos sentidos possui suas particularidades e juntos auxiliam a formar a percepção final sobre a estadia na mente do hóspede. Cada ação de encantamento apresentada neste manual possui três partes para te auxiliar: o que fazer; como fazer; e como aplicar.

Na primeira parte, você entenderá sobre o que se trata a ação. Em como fazer, receberá o direcionamento técnico para executá-la e, na última seção, um exemplo situacional prático de aplicação na jornada de hospedagem.

TATO

1. Recado de boas-vindas

O que fazer: escrever uma mensagem de boas-vindas personalizada para o hóspede.

Como fazer: pode ser escrito à mão ou no computador, a depender da capacidade operacional. Preferencialmente em versão física, mas também pode ser feito em versão digital e enviado ao hóspede minutos após a entrada na UH via aplicativo de mensagens. É de fundamental importância que conste no texto os nomes de todos os hóspedes bem como a motivação da viagem deles (ex.: aniversário de casamento). A mensagem deve demonstrar personalização e empatia.

Como aplicar: na versão física, disponha o recado em uma posição que tenha destaque na acomodação para que seja visualizada logo nos primeiros momentos da chegada. Um bom local que pode ser disponibilizado é na mesinha de cabeceira do quarto ou no pé da cama.

2. Rolo de papel higiênico adesivado

O que fazer: aplicar um adesivo da marca no papel higiênico.

Como fazer: criar um adesivo vinílico redondo ou quadrado na proporção 3x3 cm. Pode ser feito com o símbolo/logotipo da hospedagem ou também uma versão com alguma palavra sagrada da marca ou brincadeira (como no exemplo abaixo com a frase "Oh Yeah"). As gráficas *online* produzem em quantidade e bom preço, além de auxiliar na construção da arte caso seja necessário.

Como aplicar: dobrar a ponta do papel higiênico em formato triangular e sobrepor o adesivo personalizado da marca na ponta do triângulo. Atente para fazer a dobradura com um triângulo perfeito, garantindo assim a estética adequada após a aplicação do adesivo.

3. Vale presente

O que fazer: disponibilizar o vale presente com um valor em dinheiro para o hóspede gastar como e onde quiser durante a estadia.

Como fazer: acessar o *site* www.valepresente.com.br ou similar e encomendar um vale presente com um valor específico.

Como aplicar: acessar o *site* www.valepresente.com.br e encomendar um vale presente com um valor predefinido. É possível personalizar com o nome e a mensagem no cartão. O hóspede poderá gastar o valor em qualquer estabelecimento que aceite a bandeira do vale presente (Mastercard atualmente). Disponibilize-o dentro da acomodação em um envelope com um bilhete personalizado. Essa ação é ideal para ser realizada em datas comemorativas, como aniversários e celebrações.

4. Cartão de crédito da marca

O que fazer: disponibilizar um "cartão de crédito" personalizado da marca com um valor em dinheiro para o hóspede gastar como e onde quiser durante a estadia.

Como fazer: acessar o *site* www.valepresente.com.br ou similar e encomendar um cartão de crédito personalizado. O funcionamento é similar ao vale presente, porém é possível personalizar o cartão com nome, mensagem e identidade visual da marca. Outra grande diferença é que essa modalidade de cartão é recarregável via aplicativo, possibilitando assim o uso para diferentes hóspedes.

Como aplicar: acessar o *site* www.valepresente.com.br e encomendar um cartão presente com um valor inicial predefinido. Personalize a imagem com o logotipo e cores da hospedagem. Disponibilize-o dentro da acomodação em um envelope com um bilhete personalizado. Como esse cartão poderá ser usado em diferentes estadias, é recomendável que a personalização não seja feita com o nome do hóspede, mas sim de maneira mais abrangente. Na La Boutique Studios, colocamos o nome como VIP GUEST CARD e a frase logo abaixo com o nome da marca.

5. Wi-fi Comemorativo

O que fazer: trocar a senha padrão do Wi-Fi para uma senha personalizada de acordo com a motivação do hóspede para uma estadia específica.

Como fazer: essa é uma ação que funciona melhor para acomodações por temporada. Em alguns provedores de internet é possível alterar o nome da rede e a senha facilmente acessando o aplicativo da empresa. Crie uma senha nova de acordo com o hóspede em questão.

Como aplicar: em uma estadia de aniversário, por exemplo, altere a senha para uma frase personalizada como, por exemplo: FestaDoMatheus. Deixe esta nova senha dentro do apartamento ou envie para o hóspede quando o mesmo solicitar para que seja surpreendido. Ao final da estadia não se esqueça de entrar no aplicativo e reprogramar a senha para o padrão original.

6. Capacho (tapete) de entrada

O que fazer: personalize o tapete de entrada da UH / apartamento com o logotipo da hospedagem ou identidade visual própria.

Como fazer: encomende um tapete personalizado em loja especializada em capachos de entrada feito sob medida.

Como aplicar: a arte estampada no tapete pode ser desde o logotipo ou somente o símbolo da hospedagem para reforçar a marca; possuir um caráter de sinalização para indicar o nome de uma UH (ex.: em uma pousada com a temática dos quatro elementos da natureza, o capacho pode indicar o quarto terra, fogo, ar e água); ou ter alguma frase que esteja dentro do território verbal da marca e crie conexão com os hóspedes.

7. Porta-Copo

O que fazer: criar porta-copos (popularmente conhecidos como bolachas de chope) personalizados da marca de hospedagem.

Como fazer: encomendar porta-copos personalizados em gráficas *online*. Esse item além de ser algo funcional, também é uma ótima ferramenta para reforço de marca e comunicação com o hóspede. Em uma das faces pode ter o logotipo e na outra algo que aprofunde no universo da hospedagem.

Como aplicar: utilize os porta-copos nos serviços de bar ou disponibilize-os próximo ao frigobar/geladeira dentro da acomodação. Você também pode presentear o seu hóspede com uma unidade.

8. Guarda-sol personalizado da hospedagem

O que fazer: se a sua acomodação estiver localizada no litoral, disponibilize guarda-sóis personalizados da sua marca para que sejam usados pelos hóspedes ao mesmo tempo em que a sua hospedagem é divulgada nas areias da praia da região.

Como fazer: encomende os guarda-sóis em lojas especializadas do ramo.

Como aplicar: essa ação funciona bem de duas formas diferentes: a primeira – e mais tradicional – é fornecer gratuitamente ou mediante cobrança para os hóspedes que desejem levar a proteção para a praia. A segunda seria fazer uma parceria com um quiosque fixo de praia que alugue cadeiras e guarda-sóis. A sua hospedagem disponibiliza os guarda-sóis personalizados para o quiosque utilizá-lo como produto para locação aos banhistas e, em contrapartida, o barraqueiro se responsabiliza em colocá-los expostos na areia todas as manhãs, além de dar gratuidade aos seus hóspedes no uso do equipamento.

9. Kit Praia

O que fazer: se a sua acomodação estiver localizada no litoral, disponibilize um kit com alguns itens para os hóspedes levarem para a praia.

Como fazer: dentro de uma bolsa de praia, eco *bag* ou bolsa personalizada da marca, coloque artigos que sejam úteis para os seus hóspedes em um dia quente nas areias e que possivelmente eles não tenham levado consigo. Algumas sugestões para compor o kit: canga; toalhas de praia; protetor solar e labial; bronzeador; saquinho biodegradável para armazenamento do lixo produzido; raquetes e bolinha de frescobol. Caso haja algum elemento típico da sua cidade, também é uma opção interessante para gerar conexão com a cultura local. Por exemplo: na La Boutique Studios colocamos o famoso biscoito O Globo como cortesia para os nossos hóspedes dentro do kit praia.

Como aplicar: monte o kit e disponibilize-o dentro da acomodação ao alcance da visão do hóspede. Você pode criar uma chamada para ação em adesivos na parede ou similares estimulando que os hóspedes levem o kit com eles para a praia.

VISÃO

10. Ficha de Experiência

O que fazer: criar uma ficha para ser enviada ao hóspede logo após a reserva, objetivando conhecer melhor o seu perfil, expectativas e motivações. A partir dos resultados obtidos, uma experiência de hospedagem única e personalizada poderá ser desenhada para a estadia em questão.

Como fazer: utilize uma ferramenta de construção de formulários *online* – Typeform, SurveyMonkey, Google Forms ou Jotform – para elaborar a ficha de experiência da sua hospedagem. Coloque somente questões essenciais para que seja algo encantador e não canse o hóspede ao responder o questionário. De quatro a seis perguntas (no máximo) com respostas opcionais não obrigatórias é uma proporção interessante. Algumas sugestões sobre o que perguntar: como todos os hóspedes constantes na reserva gostariam de ser chamados; previsão do horário de chegada (*check-in*); se é a primeira vez que está visitando a cidade; se está vindo sozinho, com amigos, em casal, em família (ou família canina); qual a motivação da viagem, ex.: descansar, trabalhar, comemorar aniversário, visitar a família. Nesta seção vale também deixar um campo "outro" para preenchimento. Por fim, uma pergunta aberta sobre o que pode ser feito para tornar a estadia ainda mais memorável.

Como aplicar: embora existam diversas ferramentas gratuitas na internet para a elaboração da ficha, as mais recomendáveis são o Typeform ou o Jetform, pois possuem designs mais robustos; alta capacidade de personalização com a identidade da marca e a melhor usabilidade para os respondentes, tanto na versão desktop quanto para dispositivos móveis. A ficha de experiência deve ser enviada logo após a confirmação da reserva pelo chat do canal em que a mesma foi confirmada ou via aplicativo de mensagens.

11. QR Code multifuncional

O que fazer: crie um QR Code para transmitir alguma informação importante dentro da acomodação ou nas áreas comuns da hospedagem.

Como fazer: identifique as necessidades de comunicação; analise qual o formato mais adequado para transmitir a mensagem (texto, PDF, vídeo etc.); e crie um QR Code contendo o material para que os hóspedes possam apontar a câmera do celular e ter acesso.

O QR Code pode ser criado gratuitamente nas plataformas disponíveis na internet (Flowcode). Dê preferência para aquelas em que o código não expire, pois algumas possuem limitação de tempo para acessar (ex.: 1 mês).

Como aplicar: após inserir na plataforma de QR Code o material que você deseja comunicar, gere o código, imprima e disponibilize-o com uma chamada para ação ao lado do local onde o hóspede necessita receber alguma instrução específica. O QR Code pode solucionar diversas questões, desde o acesso ao cardápio digital do restaurante às instruções de uso da máquina de lavar.

12. Logotipo na televisão

O que fazer: insira o logotipo da marca de hospedagem na televisão do quarto.

Como fazer: antes de serem dispositivos eletrônicos, os aparelhos de TV são uma grande tela em branco (preto, na verdade) para gerar ativações de conexão com os hóspedes. Uma ação simples – mas muito interessante – é inserir o logotipo da hospedagem no televisor. Para isso, basta criar uma arte na proporção 1.920 x 1.080 pixels contendo o logo, fazer o *upload* em um *pendrive* e plugar na entrada USB do televisor.

Como aplicar: após a limpeza e preparação da UH, deixe o televisor ligado com a imagem gerada na tela para impactar o hóspede logo na chegada.

13. Conteúdos e dicas na televisão

O que fazer: seguindo a linha da ação anterior, crie uma sequência de conteúdos de valor para o hóspede com foco em informar, entreter e tornar a sua viagem ainda mais incrível.

Como fazer: com a ferramenta nativa do Windows (Movie Maker) ou aplicativos simples de edição, crie um breve vídeo contendo dicas sobre o que fazer na cidade; passeios imperdíveis; dicas de restaurante que somente os moradores locais frequentam e informações importantes sobre a acomodação para tornar a experiência de hospedagem ainda melhor (dados de acesso ao Wi-Fi ou instruções de uso da cafeteira são boas indicações). Após criar o vídeo, salve-o no formato mp4. Atente para a minutagem total, pois vídeos muito longos podem dispersar a atenção. Opte por um conteúdo curto, mas com alto poder de encantamento e informação.

Como aplicar: após criar o vídeo de dicas, faça o upload para um *pendrive*, conecte-o na entrada USB do televisor e inicie a reprodução em *looping* para garantir que esteja rodando assim que o hóspede entrar na acomodação.

14. Curadoria de Streamings

O que fazer: séries e filmes em aplicativos de *streaming* ganharam a preferência de grande parte da população global. Se a sua hospedagem oferecer uma Smart TV com acesso às principais plataformas do gênero, crie uma lista com indicações de excelentes produções para os hóspedes assistirem durante a estadia.

Como fazer: pesquise as melhores séries e filmes disponíveis da Netflix, Amazon Prime Video, HBO Max e Globoplay; crie uma lista com as indicações selecionadas dividida por plataformas ou gêneros (drama, suspense, ação, documentário etc.) e disponibilize para o seu hóspede. Lembre-se de certificar se os aparelhos disponíveis nas UHs possuem as plataformas que terão produções selecionadas por você para que o hóspede consiga assistir.

Como aplicar: é recomendável que a lista seja criada em formato digital para que seja atualizada com regularidade. Você pode enviar para o hóspede via aplicativo de mensagens em uma sexta-feira à noite, por exemplo, ou disponibilizar dentro da acomodação via QR Code.

15. Tag Me divirta

O que fazer: criar um aviso (*tag*) de porta tradicionalmente utilizado na hotelaria dando uma função de entretenimento ao invés de "limpar acomodação / não perturbe".

Como fazer: criar a *tag* de porta junto a uma gráfica *online* de alta tiragem. Você pode usar a imaginação para surpreender o seu hóspede com diferentes tipos de conteúdo. Uma sugestão é apresentar os principais eventos da cidade. Se quiser dar um passo além, pode categorizar seções da seguinte maneira: onde comer, criando subdivisões por tipos de gastronomia; passeios imperdíveis, com categorias de roteiros clássicos e alternativos no destino; e acontece este mês: os principais eventos e festas da cidade atualizados todos os meses.

Como aplicar: insira o QR Code com o conteúdo na placa para que o hóspede possa apontar e acessar. É interessante colocar a *tag* pendurada em maçanetas internas da acomodação como, por exemplo, no banheiro.

16. Guia personalizado

O que fazer: desenvolver um guia personalizado em PDF para enviar ao hóspede na mensagem de confirmação da reserva.

Como fazer: utilizar a ferramenta Canva ou aplicativo similar para criar um guia da hospedagem para o hóspede com um design atrativo e a identidade visual da marca. Neste guia podem constar as seções Boas-Vindas: apresente a hospedagem gerando a expectativa de como será incrível ficar hospedado nela; como chegar: uma breve instrução sobre os melhores caminhos e rotas para chegar a partir de diferentes locais de partida, principalmente se o empreendimento estiver localizado em um lugar de difícil acesso. Por dentro da hospedagem: mostrar as principais funcionalidades da UH e áreas comuns; Serviços: gere o desejo no hóspede com os serviços incluídos na diária e apresente também os adicionais, como massagens e refeições especiais; Ao redor: indique atrativos e restaurantes no entorno da hospedagem para o seu hóspede. Após criar o guia no Canva, faça o upload em uma ferramenta de edição de PDF (ex.: PDF Escape) caso queira transformar o seu guia em um documento clicável e interativo, podendo inserir *links* e botões diretamente no PDF.

Como aplicar: os dois momentos ideias para envio do guia são no momento em que a reserva é feita ou três dias após a data de *check-in*. Esta segunda opção gera um ponto de contato adicional com o hóspede antes da chegada à hospedagem, o que, dependendo da jornada criada, pode ser muito interessante. O guia pode ser enviado pelas plataformas de reserva na mensagem de boas-vindas ou via aplicativo de mensagens.

17. Surpresa via Direct do Instagram

O que fazer: enviar uma surpresa via *direct message* para o hóspede que realizar uma interação predeterminada com o perfil da hospedagem no Instagram. Além de gerar um momento WOW fantástico para aqueles que participarem, essa ação também estimulará a produção de conteúdo sobre a estadia por parte do hóspede nas redes sociais, criando assim excelentes materiais compartilháveis para os canais digitais da marca.

Como fazer: eleja uma surpresa atrativa como, por exemplo: cupom de desconto em restaurantes parceiros ou serviços de SPA/lazer da hospedagem; *late check-out* gratuito; bebida cortesia no bar; etc. Crie a arte com uma mensagem de estímulo para que o hóspede realize alguma determinada ação nas redes sociais, como: "faça um *stories* marcando a @laboutiquestudios (insira o perfil da sua hospedagem) durante a sua viagem e nós te enviaremos uma surpresa incrível pelo DM do Instagram".

Como aplicar: Disponha essa mensagem em um pequeno quadro dentro do quarto ou nas áreas comuns da hospedagem onde haja grande circulação de hóspedes. A surpresa (em formato digital) deve ser enviada via *direct message* do Instagram com as instruções de como resgatar. Aproveite o conteúdo gerado pelo hóspede para compartilhar nos *stories* ou *feed* da própria hospedagem.

18. Canal no YouTube

O que fazer: criar um canal no YouTube com direcionamento focado em tornar a marca da hospedagem encontrável na plataforma de vídeos a partir de conteúdos relacionados ao destino no qual se localiza o empreendimento.

Como fazer: a estratégia consiste em postar 8 vídeos mensais no YouTube (dois por semana), sendo cinco com dicas sobre o que fazer na cidade e três com conteúdos sobre a experiência de hospedagem proposta. O que se objetiva com esta ação é alcançar o princípio da encontrabilidade no meio digital, ou seja, tornar a hospedagem encontrável por aqueles que estejam pensando em viajar ou que já estejam decididos sobre qual lugar desejam conhecer. Durante o processo de planejamento de uma viagem, a etapa de busca por informações sobre o destino é uma das quais os viajantes investem mais tempo. Já em relação às fontes digitais de pesquisa, o YouTube é a segunda na internet, ficando atrás apenas do próprio Google. E a sua hospedagem precisa se beneficiar desse comportamento.

Como aplicar: para exemplificar, suponhamos que a acomodação esteja localizada na cidade de Belo Horizonte. Para os cinco vídeos mensais sobre o destino, o formato de listas possui uma grande capacidade de reter a atenção do espectador e são relativamente fáceis de produzir. Algumas sugestões interessantes de temas: 5 lugares incríveis para conhecer em um final de semana em BH; 4 passeios imperdíveis para fazer em BH com chuva; Os 7 melhores bares para curtir em BH; 10 lugares para conhecer em Belo Horizonte de graça; O que visitar em Belo Horizonte em um único dia; 15 coisas que você precisa provar no Mercado Central de BH. Os usuários que encontrarem os vídeos na busca do YouTube serão impactados pelo conteúdo de valor que a sua hospedagem proporcionou para o planejamento de suas viagens, gerando reconhecimento e conexão direta com a marca.

A probabilidade da sua acomodação entrar no campo de possíveis hospedagens a serem consideradas para reserva por esses viajantes aumenta consideravelmente. Aproveite os outros três vídeos mensais para mostrar como é a sua hospedagem por dentro; as áreas de lazer; os quartos; a equipe e os serviços como um todo.

19. Quadro de recados

O que fazer: colocar um quadro de recados com caneta dentro dos quartos com mensagens personalizadas para os hóspedes.

Como fazer: escreva no quadro uma mensagem de boas-vindas ou frases que gerem conexão emocional com os hóspedes. É interessante que a mensagem seja personalizada, ou seja, escrita especialmente para determinado hóspede contendo o nome dele. Caso não seja possível, elabore uma frase que esteja alinhada com as palavras sagradas da sua marca (ver capítulos 4).

Por sua vez, o quadro acabará se tornando uma plataforma de comunicação onde o hóspede também deixará recados de agradecimento ao final da estadia. Espontaneamente, esses depoimentos se tornam provas sociais, ou seja, validações escritas pelos próprios hóspedes que comprovam que a experiência de hospedagem foi incrível. Com esta ação, você também ganhará excelentes conteúdos para compartilhar nas redes sociais da hospedagem.

Como aplicar: coloque um quadro no estilo lousa branca – ou com design condizente com a sua acomodação – na parede de entrada dos quartos. Na internet estão disponíveis modelos com tamanhos, cores e materiais distintos. Não se esqueça de deixar a caneta pilot para que o hóspede também tenha a possibilidade de retribuir o recado. Ao final da estadia, apague a mensagem e escreva uma nova.

20. Mini Game

O que fazer: essa ação visa inserir a estratégia de gamificação em algum momento da estadia. Conceitualmente, gamificar uma acomodação consiste em implementar características de um jogo durante a estadia visando melhorar a experiência de hospedagem. Essa aplicação ajudará a criar um ambiente onde os hóspedes consigam alcançar o sucesso nas suas viagens mais facilmente. Nesta ação você irá criar um mini game, ou seja, um pequeno jogo rápido e colocá-lo dentro da acomodação para que o hóspede possa jogar. Ao final do jogo, ele ganhará um prêmio ligado à motivação de sua viagem.

Como fazer: você pode usar a criatividade para criar um jogo tanto para adultos quanto para crianças. É importante que o mesmo seja de baixo ou nenhum custo de produção; fácil de jogar e que o jogo (ou a premiação) esteja relacionado à motivação da viagem do hóspede. Um bom exemplo disso é um jogo de adivinhação: suponhamos que a sua acomodação tenha uma identidade visual tropical e que, dentro dela, haja um abacaxi decorativo. Deixe um bilhete para o hóspede com a charada: "o que é, o que é: tem coroa, mas não é rei. Tem espinho, mas não é peixe? Atrás desse objeto uma surpresa te espera".

Como aplicar: para fazer um mini game digital e ainda mais interativo em formato de perguntas e respostas, utilize a ferramenta gratuita quizizz. Costumamos aplicar com frequência essa ação na La Boutique Studios com hóspedes que estão viajando para curtir um show na cidade. Foi o caso do casal que se hospedou conosco em 2019 para curtir o show de Sandy e Junior. A partir dela, criamos um *quiz* com perguntas sobre a carreira da dupla e, caso os hóspedes acertassem ao menos 50%, ganhariam prêmios. As instruções para jogar estavam dentro da acomodação e a dinâmica ocorreu pelos *smartphones* dos próprios hóspedes.

21. Ícones em impressão 3D

O que fazer: A impressão em 3D é um processo de fabricação de objetos sólidos tridimensionais a partir de um arquivo digital. A criação de um objeto impresso em 3D é realizada por meio de processos aditivos. Em um processo aditivo, um objeto é criado estabelecendo camadas sucessivas de material até que o objeto seja criado. Cada uma destas camadas pode ser vista como uma fina seção transversal do objeto, o que dá um aspecto visual muito bonito à criação.

O interessante deste modo de fabricação é que a impressão 3D permite produzir formas complexas usando menos material do que os métodos tradicionais, sendo possível imprimir, por exemplo, produtos de consumo, como calçados, móveis, óculos; passando por produtos odontológicos e industriais, como ferramentas de fabricação, protótipos e peças funcionais de uso final.

Como fazer: o universo da hospitalidade já está utilizando a impressão 3D para produção de louçaria completa para serviços de almoço e jantar ou até mesmo imprimindo a própria estrutura da acomodação, como é o caso da rede de hotéis Habitat. Escolha o que deseja imprimir e encomende a sua peça em uma empresa especializada neste tipo de serviço.

Como aplicar: uma sugestão simples, bonita e com baixo custo para desenvolver essa ação é imprimir o logotipo da sua hospedagem e utilizá-lo como um elemento decorativo nas áreas comuns.

PALADAR

22. Parceria com restaurantes

O que fazer: se a sua hospedagem estiver localizada em área urbana e não oferecer serviços de alimentos e bebidas – ou mesmo que ofereça – crie parcerias com restaurantes para gerar descontos e benefícios para os seus hóspedes nestes estabelecimentos. Não se limite a restaurantes: bares, cervejarias, padarias e cafeterias também podem entrar no "guia Michelin" da sua hospedagem.

Como fazer: mapeie os possíveis estabelecimentos parceiros na região; entre em contato pelo Instagram ou indo presencialmente ao local; apresente a sua hospedagem ressaltando o número de hóspedes mensais que você recebe, bem como o potencial de retorno em termos de visibilidade e tráfego de hóspedes para o restaurante; por fim, negocie a parceria.

Descontos de 10% e 15% no valor final da conta já são parcerias bastante atrativas. Contudo, os hóspedes, de maneira geral, tendem a gostar e utilizar mais os benefícios do que os descontos, como: o primeiro chopp é por conta da casa ou pediu um petisco, ganha um *welcome* drink.

Como aplicar: após firmar as parcerias, utilize a ferramenta gratuita Canva para criar os cupons digitais de desconto individuais que deverão ser apresentados nos estabelecimentos pelos hóspedes. Idealmente é que todos os cupons estejam em um mesmo arquivo PDF para que o hóspede possa ver todos os descontos e benefícios, bem como facilitar a logística.

Esses cupons podem fazer parte do mesmo arquivo que compõe o guia personalizado da casa; pode ser enviado separadamente na mensagem de confirmação da reserva ou durante estadia via aplicativo de mensagens; ou compartilhado via QR Code dentro da acomodação.

23. Welcome Drink

O que fazer: recepcionar o hóspede com um drink cortesia de boas vindas no momento da chegada à hospedagem.

Como fazer: uma ação clássica muito utilizada em hospedagens do tipo resort. No momento do *check-in*, oferecer ao hóspede uma bebida de boas-vindas para demonstrar hospitalidade e tornar o processo menos maçante.

Como aplicar: a bebida não precisa ser obrigatoriamente alcoólica. Servir café, chá, coquetel de frutas sem álcool ou até mesmo água aromatizada são ótimas opções também.

24. Cafézinho pré check-in

O que fazer: essa ação é recomendável para hospedagens por temporada ou hoteleiras que não possuam áreas de uso comum, como recepção e sala para armazenamento de bagagens.

Dependendo do destino e da oferta de voos, muitos hóspedes chegarão pela manhã na cidade. Por padrão, os horários de *check-in* tendem a iniciar entre meio-dia e 15h. Isso faz com que o hóspede fique preso no aeroporto aguardando o horário de liberação ou precise andar pela cidade com suas bagagens, o que pode ser um grande transtorno.

Ao firmar parcerias com cafeterias locais próximas à hospedagem, gera-se um ambiente seguro e confortável onde a espera seja mais agradável.

Como fazer: selecione cafeterias locais em um raio de 750 metros da hospedagem; entre em contato apresentando a sua hospedagem e o potencial de clientes que podem ser convertidos para a cafeteria; feche o benefício de um café expresso cortesia para os hóspedes que apresentarem o cupom.

Como aplicar: indique as cafeterias conveniadas para todos os hóspedes que, no momento da reserva, pedirem para fazer o *check-in* mais cedo ou perguntarem se é possível guardar as malas no local enquanto esperam o horário de entrada.

25. Bebida autoral da hospedagem

O que fazer: oferecer garrafas de bebida com o rótulo próprio da marca de hospedagem como cortesia ou mediante cobrança para os hóspedes.

Como fazer: escolha o tipo de bebida que mais combina com o perfil da sua hospedagem: cerveja, cachaça, vinho, espumante ou outra. Como a produção e venda de bebidas alcoólicas está atrelada a uma série de exigências legais, como o registro no Ministério da Agricultura, Pecuária e Abastecimento (MAPA), será preciso buscar uma empresa parceira responsável. Entre em contato com cervejarias, vinícolas ou alambiques de produtores locais da região e concretize a parceria para produção e rotulagem da bebida autoral da sua hospedagem. Faça um rótulo criativo e que desperte o desejo de consumo do hóspede. Aproveite este espaço para contar um pouco da história de criação da sua marca ou compartilhar um pouco sobre os credos da marca.

Como aplicar: na La Boutique Studios criamos diferentes rótulos em parceria com cervejarias artesanais do Rio de Janeiro. Colocamos uma garrafa de cortesia no frigobar para cada hóspede. Na Posto 2, a nossa *bohemian pilsner*, feita em parceria com a cervejaria Mito, lançamos mão de duas partes no rótulo.

Na primeira, compartilhamos o nosso sentimento sobre pertencer ao famoso bairro de Copacabana: "Nos juntamos à Cervejaria Mito para criar uma cerveja exclusiva para você. A perfeita união entre o espírito folgaz do Rio e a alma da eterna princesinha do mar. Copacabana é um ícone do mundo e o Posto 2 marca o início de tudo. Para conhecer a verdadeira essência de Copa é preciso caminhar por suas ruas, sentar em suas areias, vivenciá-la, senti-la. Comece tudo isso com um gole aqui e agora".

Já na segunda parte, trouxemos um pouco do nosso credo de viagens e estadias memoráveis: "Na La Boutique Studios acreditamos que o compartilhamento mais importante é o de momentos inesquecíveis. Viajar é um ato de reconexão e todos podem pertencer a qualquer lugar, seja por um dia ou para sempre. Um brinde à melhor viagem de todas!".

26. Vale-Delivery

O que fazer: se a sua hospedagem estiver localizada em área urbana e não oferecer serviços de alimentos e bebidas, disponibilize como cortesia para o hóspede um vale-presente do Ifood (ou empresa similar) com um valor pré-carregado para pedir o que desejar no aplicativo dentro do valor estipulado.

Como fazer: você pode comprar o vale-presente no formato físico em estabelecimentos como as Lojas Americanas. No próprio aplicativo do Ifood também é possível adquirir um vale digital para presentear o hóspede.

Como aplicar: adquirindo o cartão no formato físico, disponibilize-o dentro da acomodação com um recado personalizado para o hóspede. Já se a compra for feita com o cartão digital, envie o código do vale via aplicativo de mensagem para o seu hóspede. Em ambos os casos, o código precisará ser inserido na aba pagamentos do aplicativo do Ifood para desbloquear o saldo.

Essa ação é ideal para dias chuvosos, nos quais o tempo de permanência do hóspede dentro da hospedagem pode ser forçosamente maior em função das condições climáticas. Deixar um recado nesse sentido junto ao cartão surpreenderá o hóspede.

27. Vale-Mercado

O que fazer: se a sua hospedagem estiver localizada em área urbana e não oferecer serviços de alimentos e bebidas, mas contemplar uma cozinha equipada nas UHs ou áreas de uso comum, disponibilize como cortesia para o hóspede um vale-presente de um Supermercado da região.

Como fazer: você pode comprar o vale-presente no formato físico nos próprios supermercados. Grandes redes disponibilizam este recurso em suas lojas como, por exemplo, Pão de Açúcar, Carrefour e Assaí.

Como aplicar: disponibilize o vale-presente dentro da acomodação com um recado personalizado para o hóspede. Com o saldo do mercado, você pode estimular a compra de ingredientes típicos da região para que sejam utilizados juntamente com a próxima ação de encantamento deste manual.

28. Livro de receitas típicas

O que fazer: se a sua hospedagem não oferecer serviços de alimentos e bebidas, mas contemplar uma cozinha equipada nas UHs ou áreas de uso comum, crie e disponibilize para os seus hóspedes um livro com receitas típicas da região para que eles mesmos possam vivenciar a experiência de cozinhar como um habitante local.

Como fazer: selecione de 5 a 10 receitas tradicionais da região na qual a hospedagem está localizada, contendo ingredientes necessários, tempo de execução e modo de preparo. Busque fotos dos pratos que sejam atrativas e não contenham direitos autorais. Crie o livro na ferramenta Canva, preferencialmente em tamanho A4; e exporte o arquivo no formato PDF.

Como aplicar: Faça o *upload* do livro de receitas em um serviço de armazenamento em nuvem – como o Google

Drive – e crie um QR Code redirecionando o hóspede que apontar a câmera diretamente para o livro. Posicione, na cozinha da acomodação, o QR Code gerado fazendo uma chamada para a ação que estimule o ato de cozinhar.

29. Tempero da marca

O que fazer: se a sua hospedagem não oferecer serviços de alimentos e bebidas, mas contemplar uma cozinha equipada nas UHs ou áreas de uso comum, forneça um tempero personalizado da marca para que o hóspede possa utilizar durante as suas preparações gastronômicas.

Como fazer: você pode comprar o tempero em lojas de produtos a granel; colocar em uma embalagem de vidro e personalizar com o logotipo e identidade visual da sua marca. Não se esqueça de verificar a validade do produto junto ao estabelecimento da compra e indicar claramente a informação na embalagem.

Como aplicar: disponha visivelmente o tempero na bancada da cozinha. Ao lado, coloque um display contando sobre a criação feita especialmente para os hóspedes que amam cozinhar. Aqueles que desejarem, poderão utilizá-lo em suas receitas durante a estadia.

Com um pouco mais de investimento, é possível encomendar o tempero em pequenas embalagens, o que possibilitará ao hóspede levá-lo para casa caso goste muito. Uma boa estratégia para que "o gosto" da sua hospedagem permaneça com ele por muito tempo após o *check-out*.

Abaixo um exemplo de aplicação desta ação executada pela Charlie, uma empresa brasileira de aluguel por temporada.

30. Pipoca liberada

O que fazer: se a sua hospedagem contemplar uma cozinha equipada nas UHs ou áreas de uso comum, disponibilize milho acessível na cozinha para que seu hóspede possa fazer pipoca quando desejar.

Como fazer: disponha o milho em uma embalagem visível na cozinha. Não se esqueça de deixar um balde de pipoca, o qual pode ser personalizado com a identidade visual da hospedagem para gerar mais um ponto de contato inesperado com a marca.

Como aplicar: Correlacionar essa ação com a de curadoria de *streamings* é uma aplicação interessante. Coloque o milho em uma embalagem que permita escrita como, por exemplo, aquelas que possuem adesivos imitando quadro negro. Na La Boutique Studios, colocamos uma indagação fazendo um convite ao hóspede: "Netflix?".

31. Open Frigobar

O que fazer: disponibilizar gratuitamente no frigobar alguns itens (ou todos) para os hóspedes.

Como fazer: colocar no frigobar (ou geladeira) itens como cerveja, água, refrigerantes e *snacks* disponíveis como cortesia para os hóspedes durante a estadia. A quantidade de itens deverá ser calculada atrelando os custos à receita faturada na estadia.

Como aplicar: na La Boutique Studios, disponibilizamos como cortesia os seguintes itens: refrigerantes, água, mate, cerveja de garrafa de marca própria, biscoito O Globo e chocolate. Os custos dessa ação saem do valor cobrado sobre a taxa de limpeza.

32. Pote com água para pets

O que fazer: disponibilizar um pote com água para o hóspede pet.

Como fazer: compre um pote próprio para servir água para pets. Você também pode encomendar potes com a logo da hospedagem ou personalizar com uma frase divertida, como: "The Best Guest in The World".

Como aplicar: disponha o pote com água dentro da acomodação antes da chegada dos hóspedes.

AUDIÇÃO

33. Assistentes de voz

O que fazer: A assistente de voz, também chamada de assistente virtual, é uma tecnologia de comando de voz, que realiza tarefas ordenadas pelo usuário. Atualmente no mercado, os dois dispositivos mais utilizados são o Google Assistente e a Alexa da Amazon.

Em hospedagens, esse recurso pode trazer grandes benefícios para a jornada de hospitalidade. Usando apenas a voz, o hóspede poderá fazer buscas, averiguar a previsão do tempo e até mesmo controlar as luzes e o ar condicionado do quarto.

Como fazer: instalar o dispositivo Alexa ou Google Assistente na acomodação e programar as configurações.

Como aplicar: com a assistente de voz, pode-se programar comandos específicos (conhecidos como rotinas) para tornar a estadia do hóspede mais agradável. Alguns exemplos: ao falar "Alexa, olá!", as luzes do quarto acendem, o ar liga em temperatura preestabelecida e a *playlist* da marca inicia a reprodução automaticamente.

Por outro lado, ao dizer "Alexa, tchau", as luzes apagam, o ar desliga e ela pode falar uma frase de despedida específica para o hóspede.

34. Playlist própria da marca

O que fazer: desenvolver uma *playlist* própria da marca no Spotify para tocar nas áreas comuns da hospedagem e ser compartilhada e seguida pelos hóspedes. Música gera sentimentos, emoções, memórias e lembranças. Aquela famosa frase "Essa música me lembra alguém" também se aplica perfeitamente ao relacionamento entre pessoas e marcas.

Como fazer: assine uma conta *premium* do Spotify; crie uma *playlist* com o nome da hospedagem; faça uma curadoria de artistas que possuem *fit* com a marca e o ambiente da acomodação; adicione na *playlist* as músicas da seleção feita; coloque o logotipo da hospedagem como capa da *playlist*. Atente para a necessidade de pagamento das taxas do Escritório Central de Arrecadação (ECAD).

Como aplicar: a *playlist* pode ser reproduzida diariamente nas áreas comuns do hotel. Caso haja caixas de som individuais dentro das UHs, os hóspedes podem ser recepcionados com a *playlist* tocando dentro da acomodação. Outra possibilidade também é reproduzir o Spotify na televisão, assim o hóspede terá ciência sobre a existência da *playlist* da marca e poderá segui-la, levando para sempre a hospedagem consigo em formato de som.

35. Caixa de som portátil dentro do box do banheiro

O que fazer: coloque uma caixa de som portátil – presa por ventosa – no vidro do box.

Como fazer: compre uma caixa de som de baixo custo e com boa autonomia de bateria.

Como aplicar: a caixa deve ser colocada dentro do box ou no banheiro e possuir conexão *bluetooth*.

OLFATO

36. Aroma personalizado

O que fazer: estimular sensações olfativas e conexão de marca por meio de um aroma personalizado da hospedagem.

Como fazer: encomendar um aromatizador de ambientes com fragrância conhecida ou desenvolver uma fragrância exclusiva para a marca em uma empresa especializada.

Como aplicar: borrifar o aroma nas áreas comuns da hospedagem e dentro dos quartos (em menor intensidade).

REFERÊNCIAS BIBLIOGRÁFICAS

1. Ambler, T. Marketing Metrics. Business Strategy Review. v. 11, n. 2, p. 59-66, 2000.

2. Amadeus. The Future Traveller Tribes 2030 – Understanding tomorrow's traveller, 2015.

3. Anderson, Chris; Han, S. The Billboard Effect: Still Alive and Well. Cornell Hospitality Research Note Vol. 17, nº 11, 2017.

4. Andrade, N; Brito, Paulo I.; Jorge, Wilson E. Hotel: planejamento e projeto. 3. ed. São Paulo: ed. SENAC São Paulo, 2002.

5. A estrada do viajante para a tomada de decisão. Ipsos MediaCT, 2014.

6. Blessa, R. Merchandising no ponto de venda. São Paulo, Atlas, 2021.

7. Carolina, T (2021). Episódio #05 do Podcast Open House. Disponível em https://open.spotify.com/show/087PPbemrpphqIZCsM67nM.

8. Castelli, G. Gestão Hoteleira – 2. ed – São Paulo: Saraiva, 2016.

9. Farris, P. W. B.; Neil, T.; Pfeifer, P. E.; Reibstein, D. J. Métricas de Marketing: mais de 50 métricas que todo executivo deve dominar. Tradução de RIBEIRO, L. B. Porto Alegre: Bookman, 2007.

10. HAVAS GROUP. Report Meaningful Brands. 2018. Disponível em https://www.havasmedia.de/media/mb17_brochure_print_ready_final-min.pdf.

11. Jonauskaite, D.; Mohr, C.; Antonietti, J.; Spiers, P. M.; Althaus, B; Anil, S; Dael, N. (2016). Most and least preferred colors differ according to object context.

12. LATAM Airlines. Sustentabilidade, um destino necessário. Disponível em https://www.latamairlines.com/br/pt/sustentabilidade.

13. Manuel, S.; Melanie, B.; Roberto, S. (2018). Blue light exposure decreases systolic blood pressure, arterial stiffness, and improves endothelial function in humans.

14. Ministério do Turismo. Turismo de saúde: orientações básicas. Brasília, 2010.

15. O jeito Disney de encantar os clientes. Disney Institute. São Paulo: Ed. Saraiva, 2011.

16. Paid vs unpaid influencer marketing. Media Kix. 2019. Disponível em https://mediakix.com/blog/brand-influencers-paid-vs-unpaid-social-media/.

17. Parque do Jalapão tem recorde de visitação em ano de disputa política e concessão cancelada. 2022. Disponível em https://g1.globo.com/to/tocantins/noticia/2022/01/14/parque-do-jalapao-tem-recorde-de-visitacao-em-ano-de-disputa-politica-e-concessao-cancelada-entenda-a-polemica.ghtml.

18. Por que estudar em Portugal é tão atrativo para brasileiros. 2021. Disponível em https://www1.folha.uol.com.br/mundo/2021/09/veja-por-que-estudar-em-portugal-e-tao-atrativo-para-estrangeiros.shtml.

19. The 5 Leadership Styles you can use. Imd.org, 2021. Disponível em https://www.imd.org/imd-reflections/leadership-styles.

20. The most beautiful five-star hotels around the world. 2022. Disponível em https://www.money.co.uk/credit-cards/beautiful-hotels.

21. Transplante capilar na Turquia: país recebe 65 mil estrangeiros ao ano. Disponível em: https://guiaviajarmelhor.com.br/transplante-capilar-na-turquia.

22. 2022 State of Digital Nomads. 2022. Disponível em https://nomadlist.com/digital-nomad-statistics.

23. 9 Stats That Will Make You Want to Invest in Content Marketing. Content Marketing Institute. 2017. Disponível em https://contentmarketinginstitute.com/2017/10/stats-invest-content-marketing.